Manfred Giebenhain

Kleines ABC
des Odenwaldes

Husum

Odenwald – grüne Lunge zwischen Rhein, Main und Neckar

Der Odenwald liegt zwischen den Ballungsräumen Rhein-Main und Rhein-Neckar und bildet auf einer Fläche von rund 2500 km^2 die grüne Lunge für Großstädte wie Frankfurt, Darmstadt, Mannheim, Offenbach und Heidelberg. Etwa zwei Drittel der Fläche befinden sich im Bundesland Hessen, weite Teile in Baden-Württemberg und ein kleineres Gebiet in Bayern südlich des Mains. Der Odenwald zählt zu den wenigen Mittelgebirgen, die weder von Autobahnen noch durch größere Industrieansiedlungen in ihrer natürlichen Struktur verändert wurden. Schmale Täler schlängeln sich zwischen sanften Hügeln und größeren Gebirgsketten und führen zahlreiche Bäche in die großen Flüsse Rhein, Main und Neckar, die die Region von drei Seiten umgeben. Im Westen begrenzt von der Oberrheinischen Tiefebene gehen bewaldete Kuppen aus kristallinen Gesteinsformationen (→Felsenmeer Reichenbach) über in den Buntsandstein- Odenwald mit seinen dichten Waldbeständen. Auch Berge vulkanischen Ursprungs wie die höchste Erhebung, der →Katzenbuckel (626 m über NN), tragen zu einem abwechslungsreichen Landschaftsbild bei. Beeindruckende Zeugen aus 500 Millionen Jahren Erdgeschichte sind die weltbekannten Funde der →Grube Messel. 2002 wurde die von einem gemäßigten Klima begünstigte Region als →Geo-Naturpark Bergstraße-Odenwald zum Schutzgebiet der Vereinten Nationen erklärt.

Hier ist die Fachwerkskunst (→Michelstädter Rathaus) ebenso zu Hause wie die Elfenbeinverarbeitung (→Deutsches Elfenbeinmuseum Erbach), aber auch andere Handwerkstraditionen und die inzwischen eingestellte Erzgewinnung im Tagebergbau (→Bergbaulandschaft Reichelsheim). Erste Besiedlungen gehen auf den 600 000 Jahre alten Homo erectus heidelbergensis zurück. Beeindruckend sind die Funde, die auf die Besatzung durch römische Truppen (→Odenwaldlimes) zwischen 110 und 160 n. Chr. zurückgehen.

Weit über hundert gut erhaltene Burgen, Schlösser und Festungen, aber auch mystisch anmutende Ruinen und

Orte der →*Nibelungensage* halten die Geschichte lebendig und verleiten Wanderer und Gäste zur Spurensuche. Mit dem →*Alemannenweg*, dem →*Neckarsteig* und dem →*Nibelungensteig* bieten sich drei zertifizierte Qualitätswanderwege zur Erkundung von Natur- und Kulturlandschaft an. Wer mehr Action und körperliche Herausforderungen liebt, kann zwischen einem Hochseilgarten im →*Abenteuerwald Würzberg*, dem →*Bikepark Beerfelden*, der →*Sommerrodelbahn Wald-Michelbach*, →*Indoorspielplätzen* und einigen Freizeitangeboten mehr wählen. Ruhe und Spiritualität finden sich in zahlreichen Kapellen und auf einer Wallfahrt in das →*Madonnenländchen*.

A

Abenteuerwald Würzberg

Das Größte ist der Tarzansprung. Zuvor geht es auf zehn Meter Höhe, wo zwischen dicht bewachsenen Nadelbäumen ein von Drahtseilen gesicherter Kletterparcours dem Besucher Geschicklichkeit und Mut abverlangt.

Der Abenteuerwald Würzberg (Stadt Michelstadt) ist ein Outdoor-Event für Kinder ab fünf Jahren und einer Mindestgröße von 110 cm. Mit doppelter Sicherung und einer Einweisung hält der Hochseilgarten für jeden Kletterfreund die passende Herausforderung bereit. Auch wer sich nicht in die luftigen Höhen und bis zum finalen Sprung in das große Auffangnetz traut, hat Spaß auf mehreren Hindernisparcours mit unterschiedlichen Schwierigkeitsgraden.

Auf mehreren Höhen warten Hängebrücken, Steigbügelpassagen und hin und wieder ein Wackelturm darauf, überwunden zu werden. Ein Genuss ist die Seilabfahrt, die auf dem weichen Waldboden endet. Im Odenwald gibt es auch Hochseilgärten unter pädagogisch-fachlicher Anleitung wie den Forest Jump bei Walldürn, in Mudau-Steinbach sowie im Feriendorf Fürth-Kröckelbach.

Die Zufahrt zum Abenteuerwald führt über die Bundesstraße 47 zwischen Amorbach und Michelstadt.

Rechte Seite:
Besonders Kinder haben Spaß daran, ihre Geschicklichkeit in luftiger Höhe unter Beweis zu stellen.

Abteikirche Amorbach

Mit der kleinen →*Kapelle Amors-brunn* soll in dem bayerischen Barock-städtchen Amorbach alles begonnen haben. Das war vor rund 1000 Jahren,

Beliebt sind die Amorbacher Abteikonzerte mit Künstlern von internationalem Ruf.

bevor die Abteikirche der Kleinstadt den Rang eines Glaubenszentrums bescherte. Zwischen 1742 und 1747 wurde nach den Plänen des Mainzer General-Baudirektors Maximilian von Welsch eine kreuzförmige Basilika fast vollständig in barockem Stil um-gebaut und als Benediktinerabtei (→*Gotthardskapelle Amorbach*) ge-nutzt. In der Folge entstanden in dem historischen Kleinstädtchen weitere barocke Bauwerke sowie eine Hallen-kirche. Mit der Aufhebung des Klos-ters 1803 wechselte die Kirche in den Besitz des Fürstenhauses zu Leiningen (→*Schloss Löwenstein*). Mit der 2012 erfolgten Gründung einer Stiftung soll die Sanierung des Baudenkmals vorangetrieben werden. Weithin be-kannt ist auch die Stummorgel, die über vier Manuale und Pedal, 66 Re-gister, ein Glockenspiel und 5116 Pfei-fen verfügt.

Auf engem Raum machen das Schloss, das alte Rathaus von 1478 oder die zehn Jahre später errichtete Zehnt-scheuer auf sich aufmerksam. Fürst Karl Friedrich Wilhelm zu Leiningen er-teilte 1803 dem Begründer des Land-schaftsgartens in Deutschland, Fried-rich Ludwig von Sckell, den Auftrag, ei-

Die Altstadt lädt zum Verweilen und Entdecken ein.

nen Seegarten zu errichten. Den besten Blick darauf soll man aus einem Fenster im Konventbau in der damaligen fürstlichen Wohnung haben.

Alemannenweg

Ein Mix aus Landschaft, Kultur und Geschichte verspricht der Alemannenweg, der das Siegel „Qualitätswanderweg Wanderbares Deutschland" des Deutschen Wanderverbands tragen darf. Auf 132 km durchstreift der Rundwanderweg zunächst den Buntsandstein-Odenwald mit seinen langen bewaldeten Gebirgsrücken und tief eingeschnittenen Tälern. Weiter östlich trifft der Wanderer im kristallinen vorderen Odenwald immer häufiger auf Felsformationen, bewaldete Kuppen und eine Reihe vielfach verästelter Täler. Der Abstieg zur →Bergstraße bei Zwingenberg erfolgt über den 517 m hohen Melibokus, bevor der Rückweg in den Odenwald über Seeheim-Jugenheim ansteht.

Markante Stationen bilden die →Einhardsbasilika Steinbach, unweit derer der Weg in Michelstadt-Steinbach be-

Der Odenwaldklub hat den Alemannenweg mit einem auffälligen roten A gut markiert.

ginnt, die →Bergbaulandschaft Reichelsheim, →Schloss Reichenberg, das Gebiet der →Sage vom Rodensteiner, die →Neunkircher Höhe und das →Felsenmeer Reichenbach. Der Weg zurück führt über die →Burgruine Frankenstein zum →Schloss Lichtenberg und über die Nonroder Höhe bis zur →Veste Otzberg. Auf den letzten

Höhenprofil

Auf halber Länge an der Bergstraße angekommen, lässt der Blick über Zwingenberg bis in die Rheinebene kräftezehrende Anstiege vergessen.

25 km bietet sich noch ein Abstecher zur →*Römischen Villa Haselburg* an. Über 20 Übernachtungs- und rund 35 Einkehrmöglichkeiten erleichtern eine individuelle Einteilung der Wanderetappen.

Von einem Ende des Odenwalds zum anderen wandert es sich am besten auf dem →*Nibelungensteig*, der sich ebenfalls mit dem Qualitätssiegel schmücken darf. Zertifiziert ist seit Anfang 2012 auch der →*Neckarsteig*, der den südlichen Odenwald entlang des Neckars durchquert.

Beerfelder Galgen

Kein Schmuckstück, aber eine Rarität ist der Beerfelder Galgen, der auf einer Anhöhe am östlichen Stadtrand von Beerfelden steht. Wie viele Menschen hier ihr Leben lassen mussten, ist heute nicht mehr bekannt. Beim großen Brand von 1810 ist auch das Archiv der Stadt Beerfelden dem Feuer zum Opfer gefallen. Dagegen über vier Jahrhunderte überstanden hat der aus drei Rotsandsteinsäulen im Dreieck errichtete Galgen, bei dem zugleich drei Verurteilte in fünf Meter Höhe hingerichtet werden konnten. Die Richtstätte wird daher auch als dreischläfriger Galgen bezeichnet und soll die am besten erhaltene in Deutschland sein. Errichtet wurde das massive Bauwerk 1597 anstelle eines Holzgalgens. Ein ebenfalls dreischläfriger Galgen ist in Mudau erhalten geblieben.

Die Gerichtsbarkeit lag in den Händen der Grafen zu Erbach, die die Stadt am Berge zum Mittelpunkt der sogenannten Oberzent ihrer Grafschaft erklärt hatten. Sieben Linden umrahmten einst die Hinrichtungsstätte. In der Mitte des Areals wurde dem Delinquenten vor dem flach in die Erde eingelassenen roten Sandsteinkreuz die Absolution erteilt, bevor er die Schlinge um den Hals gelegt bekam. Dem Spuk ein Ende gemacht hat 1806 die Mediatisierung durch Napoleon I. Beerfelden ist auch ein beliebter Ort für Freunde des Winter- und Bikersports (→*Bikepark Beerfelden*).

Als Letzte musste eine Zigeunerin ihr Leben am Galgen lassen. Sie wurde 1804 wegen des Diebstahls von einem Huhn und zwei Laib Brot hingerichtet.

Rechte Seite:
Die Mümlingquelle ergießt sich seit 1810 aus dem Zwölf-Röhren-Brunnen in der Stadtmitte.

Bergbaulandschaft Reichelsheim

Geblieben sind nur noch stumme Zeugen einer Epoche, die über Jahrhunderte hinweg der Landbevölkerung einen nicht minder harten körperlichen Einsatz zum Überleben abverlangte wie die Landwirtschaft. Besonders im Umkreis von Reichelsheim, aber auch zum Beispiel in Michelstadt und in Wald-Michelbach, spielte der Eisen- und Manganerzabbau weit über tausend Jahre eine wirtschaftlich bedeutende Rolle. Eindrucksvoll

erinnert der Bergbaulehrpfad Reichelsheim entlang des 13 km langen Lehrpfads an die Anfänge, Blütezeiten und das Ende eines Wirtschaftszweigs. Der Einführung des Thomasverfahrens in der Stahlherstellung ist es zu verdanken, dass von dem begehrten Manganerz allein zwischen 1884 und 1924 rund 400 000 Tonnen aus den Gruben zwischen der Vierstöck (zugleich Ausgangspunkt des Lehrpfads; →*Alemannenweg*) und dem Dorf Rohrbach zu Tage gebracht wurden. In Spitzenzeiten waren allein hier bis zu 300 Arbeiter beschäftigt.

Über die Gleistrasse fuhr der Grubenhunt tief in den Stollen hinein.

Der Pfad führt zu den Gruben „Georg" und „Juno". Begleitet von 17 Infotafeln trifft der Wanderer auch auf ein Stück der ehemaligen Gleistrasse mit einem Förderbehälter, dem Grubenhunt. Das Regionalmuseum in Reichelsheim (→*Schloss Reichenberg*) widmet der Bergbauzeit seine größte Ausstellung. Der Besucher betritt die Abteilung durch

Das Regionalmuseum zeigt auch Mineralien aus vier typischen Fundgebieten: Quarzgänge, Pegmatite, Baryt und Erze.

eine Nachbildung eines alten Stollens aus der Zeit zwischen 1880 und 1904 der Manganerzgrube „Georg" bei Rohrbach. Erinnert wird auch an das „Reichelsheimer Lieschen", die 1887 eröffnete Eisenbahnverbindung von Reichelsheim nach Reinheim, die bis zu ihrer Einstellung 1964 vorwiegend für den Gütertransport verwendet wurde.

B

Bergstraße

Annähernd achsenförmig enden im Westen die Berge und Hügel des Odenwalds auf der Höhe von Darmstadt und dem südlich von Heidelberg gelegenen Wiesloch. Entlang der Bergkämme (→*Alemannenweg*) bietet die insgesamt 68 km lange Bergstraße ein Panorama, das seine land-

Rechte Seite:
Den besten Blick auf Bensheim und die Bergstraße bietet der 220 m hohe Kirchberg.

Zentrum der Altstadt der Kreisstadt Heppenheim ist der Große Markt mit dem Rathaus, das 1705/06 erbaut wurde.

schaftlichen Reize dank des milden Klimas zu unterstreichen versteht. Sichtbares Merkmal sind die Weinberge, die für das kleinste deutsche Anbaugebiet stehen, zu dem auch die →*Odenwälder Weininsel Groß-Umstadt* gehört. Mit 568 m ist der Königsstuhl am Hang des Heidelberger Schlosses der höchste unter den gut zwanzig Bergen. Die Weinlagenwanderungen von Zwingenberg (→*Nibelungensteig*) bis Heppenheim locken jedes Jahr mehrere Zehntausend Besucher an.

Nur rund 120 m hoch gelegen zählt der Landstrich am Rand des Oberrheinischen Tieflands mit seinen 1500 Sonnenstunden zu den wärmsten Gegenden Deutschlands. Den lateinischen Beinamen „Strata Montana" erhielt die Bergstraße erst während des Humanismus, obwohl Funde darauf hindeuten, dass die Römer hier bereits eine Handels- und Heerstraße angelegt hatten. Zahlreiche Kleinstädte mit alten Stadtkernen, Burgen und Schlösser laden zum Entdecken ein.

Wahrzeichen der Bergstraße und Namensgeber für die weitere Region ist die auf 295 m Höhe gelegene Starkenburg.

Bergtierpark Erlenbach

Wer im vorderen Odenwald zwischen Weinheim beziehungsweise Heppenheim Richtung Fürth unterwegs ist, sollte kurz vor dem Ortseingang einen Abstecher nach Erlenbach zum Bergtierpark (beschildert) unternehmen. Der Weg lohnt sich bereits für den herrlichen Ausblick über den Park, den der Rundweg bietet. Etwa einen Kilometer lang führt der Pfad teils über steile Anhöhen durch den naturbelassenen Tierpark, der rund 250 Gattungen aus fünf Erdteilen beheimatet.

In den teils großen Gehegen scheinen sich manche Arten zu verstecken, doch schon die unverwechselbare Fortbewegungsart macht das Bennet-Känguru zum Publikumsliebling. Junge Berberaffen oder der nordafrikanische Mähnenspringer werden gerne gefüttert und dabei aus nächster Nähe betrachtet. Auch das vom Aussterben bedrohte Hausschaf Skudde sowie die Verwandten aus der Wildnis, die Mufflons, vergrößern regelmäßig ihre Familien.

Hinweistafeln erklären nicht nur die Unterscheidungsmerkmale der vielen Ziegen- und Schafsrassen, sondern räumen auch mit Vorurteilen und Klischees auf. So ist der Zwergesel weder stur noch dumm, sondern weiß die Gefahren auf steinigen Gebirgswegen der Mittelmeerinseln und auf Sri Lanka besser einzuschätzen als sein

Nur wenn es etwas zu fressen gibt, nähert sich das scheue Bennet-Känguru auch mal den Besuchern.

Immer auf Lauer: drei große Maras spitzen die Ohren.

Besitzer. Jenseits des Atlantiks zu Hause sind das schafsgroße Zwergkamel Alpaka, das höckerlose Kamel Guanako und der große Mara, der trotz seiner Ähnlichkeit mit einem Feldhasen verwandtschaftlich dem Meerschweinchen näher steht. Einen Besuch wert sind auch der →*Eulbacher Park* im zentralen Odenwald sowie der →*Wildpark Schwarzach* südlich von Eberbach am Neckar.

Der Esel ist neugierig auf jeden Besucher.

Bikepark Beerfelden

Längere Perioden, die Freunde des Wintersports mit ausreichend Schnee verwöhnen, sind eher selten in dem Mittelgebirge mit seinen gemäßigten Klimaverhältnissen. Eine der wenigen Abfahrtspisten befindet sich östlich von Beerfelden (→*Beerfelder Galgen*) auf der 550 m hohen Sensbacher Höhe. Hier hat der Skilift auch im Sommer zu tun. Denn der geschützte Landstrich bietet nicht nur eine reichliche Auswahl an Wanderwegen und Nordic-Walking-Strecken, sondern auch eine Downhillstrecke. Freunde des Bikesports haben die Wahl unter vier präparierten Abfahrten mit verschiedenen Schwierigkeitsgraden.
Zuvor geht es mit dem Ankerlift den Berg hinauf. Nur die letzten 50 m müssen die Biker mit ihren Spezialfahrzeugen aus eigener Kraft zurücklegen. In dem dichten Mischwald leiten verschiedene Farbmarkierungen den Fahrer auf dem richtigen Weg durch den Bikepark, der mit natürlichen Hohlwegen für Tempo sorgt. Auf den 810 bis fast tausend Meter langen Strecken warten Steinfelder, Schanzen und Steilwände darauf, bezwungen zu werden. Gefahren wird natürlich nur mit Helm sowie Brust- und Rückenprotektor. Dies gilt selbst für den Singletrail, der ohne Bauwerke auskommt und von Kindern wie Anfängern genutzt wird.

Mit dem Lift geht es auf 500 m Höhe.

Um die Downhillstrecke auf bis zu 1000 m genießen zu können, reisen Bikefreunde auch aus Heidelberg und Mannheim an.

Burg Breuberg

Weit über das Mümlingtal hinweg thront auf dem 306 m hohen Breuberg die gleichnamige Burg, die zu den am besten erhaltenen und größten in Süddeutschland zählt. Die in der Stauferzeit kurz nach 1200 erbaute Festung beherbergt auf rund 1900 m² imposante Bauten aus der Gotik und Renaissance, die dank der durchgängigen Nutzung der Burg in gutem Zustand geblieben sind. Nach dem Aussterben der Herren von Breuberg mit Eberhard III. im Jahr 1323 war die Burg bis 1806 in kondominalem Besitz, wozu zeit-

Allen Angriffen widerstanden habend, zählt die Burg Breuberg zu den am besten erhaltenen in Süddeutschland.

Seit Beginn des 13. Jahrhunderts überblickt die Burg das nördliche Mümlingtal.

weise auch zum Teil die Grafen zu Erbach-Erbach zählten (→*Erbacher Schloss*). Heute wird die Anlage neben der touristischen Attraktion, unterstützt durch einen gastronomischen Betrieb und ein Begleitprogramm, vorwiegend als Jugendherberge genutzt.

Der Breuberg-Bund unterhält ein Museum, das Einblicke in die Handwerkskunst und Beiträge zur Volkskunde gewährt. Welche Abmessungen die Festungsanlage mit ihren dicken Mauern auch im zunächst nicht sichtbaren Bereich einnimmt, stellt der heute noch 85 m tiefe Brunnen in der Brunnenhalle unter Beweis. Der 25 m hohe und fast neun Meter breite Bergfried mit seinem Buckelquader-Mauerwerk ist der älteste Baukörper der Burg.

Der touristische Burgenbus bindet auf seinem Weg zur →*Veste Otzberg* auch die Ausgrabungsstätte →*Römische Villa Haselburg* mit ein.

„Wer den Ring durchbeißt, dem gehört die Burg."

Burgruine Frankenstein

Der Name ist Programm: Initiiert von amerikanischen Streitkräften ist die Burgruine Frankenstein alljährlich Schauplatz gruseliger Inszenierungen, bei denen Schauspieler und Eventspezialisten tausende Besucher das Fürchten lehren. Schließlich soll die um 1240 erbaute Festung Pate für Mary Shelleys Buch „Frankenstein oder der moderne Prometheus" gestanden haben. Doch auch außerhalb der Wochen vor Halloween lädt die Burgruine auf 370 m am nördlichen Rand der →Bergstraße (Gemeinde Mühltal) zu einem Besuch ein. Von der Terrasse des gastronomischen Betriebs aus zeichnen sich bei klarem Himmel am Horizont die Hochhäuser Frankfurts ab.

Zum Gruseln sind auch grausame Geschichten, die sich einst hier abge-

Zur Burgruine gehören Gruselgeschichten genauso wie Halloween-Spektakel.

Tragödien spielten sich in der zweiten Hälfte des 18. Jahrhunderts ab, als bei einem Goldrausch der Langenberg, auf dem die Burg steht, unkontrolliert ausgegraben und unterhöhlt wurde. Die damit einhergehende Zerstörung großer Teile der Burg kostete nicht nur mehrere Todesopfer. Dieser Zeit nachgesagt wird auch der Ausverkauf, den die Ehefrau des Burg-

In der Burgkapelle können Verliebte sich auch das Ja-Wort geben.

spielt haben sollen. Erzählt wird, dass zu Beginn des 16. Jahrhunderts Ritter Georg von Frankenstein das Dorf Nieder-Beerbach von einem Lindwurm befreit habe, der sich ausschließlich vom Fleisch von Jungfrauen ernährte. Auch gilt der unweit der Burg gelegene Ilbes-Berg dank der magnetischen Wirkung großer Gesteine (→*Alemannenweg*) nach dem Brocken im Harz als Domizil von Hexen. Menschliche

verwalters betrieben haben soll. Neben dem kompletten Inventar seien auch Ziegel und Holztreppen versilbert worden. Die Burgmauern wurden schließlich als Steinbruch freigegeben. Dagegen fast harmlos kommt die →*Rodensteiner Sage* daher, die einem weiter südlich gelegenen Landstrich auch manchmal heute noch schlaflose Nächte bereiten soll.

Burgruine Lindenfels

Der Ort, in dem die Drachen zu Hause sind, heißt Lindenfels. Bereits am Ortseingang von Osten her empfängt ein fünf Meter hoher Lindwurm aus Metall den Besucher in dem heilklimatischen Luftkurort. In dem Kleinstädtchen tummeln sich etliche Drachen mehr, die der →*Nibelungensage* ein Gesicht geben wollen.

Gleich zuhauf versammeln sich die Fabeltiere im Deutschen Drachenmuseum, das unweit der Burg in einem der schönsten Barockhäuser eingezogen ist. Zusammen mit etlichen Fachwerkhäusern prägen diese das Bild der Altstadt. Doch während Museum und Drachenfieber erst jüngeren Datums sind, thront seit etwa um das Jahr 1080 die Burg Lindenfels auf 400 m Höhe über der Stadt. Im 12. Jahrhundert residierte hier Graf Berthold der Jüngere als „Graf von Lindenfels". Viele Besitzerwechsel und Geldnot führten dazu, dass nach dem Bergfried 1779 weitere Teile der Burg abgerissen wurden. Auch als Ruine hat die nicht zuletzt dank ihrer Aussicht beliebte fast kreisförmig angeordnete Festung mit ihren dicken Granitquadern nicht an An-

ziehungskraft verloren. Durch Lindenfels verläuft der →*Nibelungensteig*; wenige Kilometer nördlich erhebt sich mit 605 m die →*Neunkircher Höhe* als höchster Berg im vorderen Odenwald.

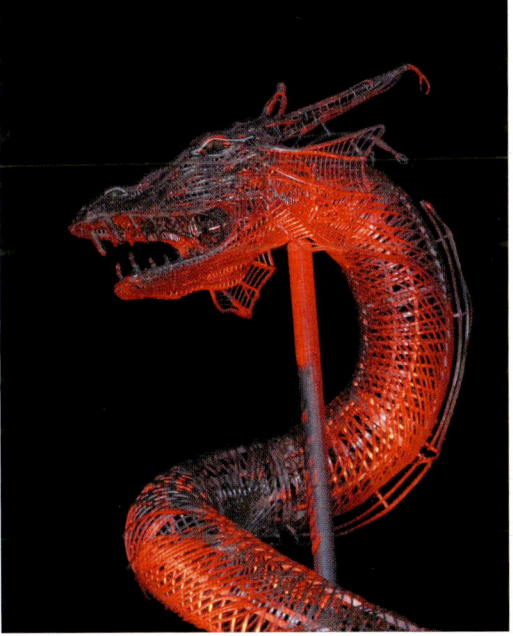

Die unzähligen Lichtquellen verleihen am Abend dem Drachen Lindra eine Mischung aus furchteinflößendem und majestätischem Glanz.

Trotz mehrfacher Zerstörung bleibt die Burgruine Lindenfels ein Anziehungspunkt.

Die Stickelgräber im Stadtteil Schlierbach erinnern an die Ansiedlung von Schweizer Calvinisten nach dem Dreißigjährigen Krieg.

Deutsches Elfenbeinmuseum Erbach

Zwei Elfenbeinfiguren stehen sich gegenüber, die beide den Drachenüberwinder und englischen Nationalheiligen Sankt Georg darstellen. Das klassische Stück im naturalistischen Stil mit seinen vielen dramatischen Einzelheiten stammt aus dem 19. Jahrhundert. Die zeitgenössische Kunstrichtung verkörpert die andere, abstrakt-stilisierte Figur, die auf wesentliche Linien reduziert ist. In der Erbacher Abteilung stoßen die beiden Kunstrichtungen Moderne (etwa ab 1920) und Traditionalismus durch eine Vielzahl repräsentativer Kunstwerke aufeinander. Als typische Vertreter gelten Jan Holschuh (1909–2000), der von allen Erbacher Künstlern am weitesten in die Moderne vorstieß, und für die traditionelle Stilrichtung Otto Glenz (1865–1948).

Ein Raum steht ganz im Zeichen der 1783 von Graf Franz I. zu Erbach-Erbach (→*Erbacher Schloss*) eingeführten Handwerkskunst, dessen Wirken auch ein eigener Raum gewidmet ist. Der Besucher kann sich ein Bild von der ersten Skizze über die Modellan-

fertigung bis zum fertigen Kunstwerk machen. Mehrmals täglich erklären Elfenbeinschnitzer Materialien und Techniken an der Werkbank; Kinder können in Ferienkursen ihr Talent erproben. Die Abteilung „Idee und Materie" wurde von der Fachschule für Holz und Elfenbein in Michelstadt gestaltet, der einzigen ihrer Art in Westeuropa. Im Obergeschoss finden sich Beispiele chinesischer Schnitzkunst, Kunstwerke aus Japan, Grönland und Afrika.

Seit dem Artenschutzabkommen von 1973 verwenden die Schnitzer als Werkstoff die rund 30 000 Jahre alten

Den internationalen Durchbruch erlebte die Elfenbeinkunst auf der Wiener Weltausstellung 1873 mit der berühmt gewordenen „Erbacher Rose".

Mammut-Stoßzähne, die im Permafrostboden Sibiriens konserviert erhalten blieben. Als typisches Erbacher Souvenir bieten viele Läden in der Altstadt Schmuckstücke aus Elfenbein an.

Oben und unten:
Tradition und Moderne: Beide Kunstobjekte stellen den englischen Nationalheiligen Sankt Georg dar.

Eberstadter Tropfsteinhöhle

Was am nördlichen Rand des →*Geo-Naturparks Bergstraße-Odenwald* mit der →*Grube Messel* seinen Weg in die Vergangenheit gefunden hat, ist in der Eberstadter Tropfsteinhöhle bei Buchen im fränkischen Odenwald zum Anfassen nahe. Sprengungen in einem Muschelkalksteinbruch haben 1971 den Zugang zu einer Welt freigelegt, die ein bis zwei Millionen Jahre zurückliegt. Mehrmals täglich finden Führungen auf dem 600 m langen Weg durch die Höhle mit ihren unterirdischen Muschelkalkformationen statt.

Bei konstanten elf Grad und einer Luftfeuchtigkeit von 95 % geht es vorbei an der „Hochzeitstorte", den „Tabakblättern" hin zum Eisberg mit seinem Höhlensee. Kuriose Formen haben die Stalaktiten und Stalagmiten wachsen lassen. Weil ohne Stufen, ist eine Besichtigung selbst im Rollstuhl möglich.

Ein angrenzendes Besucherzentrum weist auch auf den Geologischen Lehrpfad hin, der in der Nähe des vorgelagerten Höhlensees verläuft. Für Höhlenfreunde ist das →*Madonnenländchen* genau die richtige Gegend: Im Gewesterbachtal an der Straße zwischen Eberstadt und Seckach (→*Skulpturenpark Seckach*) öffnet sich ein schmaler Felsspalt zur Hohle-Stein-Höhle. Ebenfalls rund 200 m lang ist die Kornäckerhöhle, deren Eingang sich einige hundert Meter nördlich der Eberstadter Tropfsteinhöhle befindet.

Der „Eisberg" befindet sich am Höhlensee.

Am meisten bestaunt wird die „Hochzeitstorte".

Einhardsbasilika Steinbach

Wenn im Odenwald die Rede von den Anfängen der Besiedlung ist, fällt schon bald der Name des fränkischen Gelehrten Einhard (um 770–840). Unter Historikern gilt der Biograf und Berater Karls des Großen („Vita Karoli Magni") als eine der bedeutendsten Persönlichkeiten der karolingischen Renaissance, der europaweit Spuren hinterlassen haben soll. Zwei der Klöster, die auf sein Wirken hin entstanden sind, befanden sich im südhessischen Raum neben Seligenstadt im Michelstädter Stadtteil Steinbach (erbaut zwischen 815 und 827).

Erst vor wenigen Jahren wurden das Dach und die Deckenkonstruktion der Einhardsbasilika restauriert.

Das benachbarte Schloss Fürstenau wird noch heute von der Grafenfamilie bewohnt und kann daher nur von außen besichtigt werden.

Von dem einstigen Kloster, das in seiner Blütezeit um 1200 auch zwei mächtige Türme und ein umbautes „Paradies" umfasste, sind nur noch die Sakristei von 1168 mit der darunter befindlichen Krypta und Nebengebäude erhalten. Für den Historiker wie für den interessierten Laien tut dies keinen Abbruch, denn der Abgeschiedenheit des einstigen Gotteshauses, das Einhard zum „bescheidenen Abbild Roms als ein Zentrum des christlichen Glaubens nördlich der Alpen" zunächst entstehen lassen wollte, ist es zu verdanken, dass seine Ursprünglichkeit erhalten blieb. Das Gesicht der Basilika prägen nach wie vor die charakteristischen gelb-braunen bis dunkelroten Sandsteine, die Einhard eigens für den Bau brennen ließ. Ebenfalls einen Besuch wert ist das in unmittelbarer Nachbarschaft gelegene Steinbacher Schloss Fürstenau (→*Alemannenweg*) aus dem 14. Jahrhundert, das sich gut als Kulisse für Märchen- oder Fantasy-Geschichten eignen würde. Zahlreiche Kunstobjekte machen darauf aufmerksam, dass einige Künstler sich in der Nachbarschaft des Wasserschlosses niedergelassen haben.

Erbacher Schloss

Fast über die gesamte Länge des Marktplatzes der Odenwälder Kreisstadt Erbach erstreckt sich das 1736 im neobarocken Stil errichtete Schloss der Grafen zu Erbach-Erbach. Davor steht auf einem Sandsteinsockel, eingehüllt in eine römische Toga, die Statue von Graf Franz I. (1754–1823), der der Nachwelt eine außergewöhnliche Sammlung an griechischen und römischen Büsten und Skulpturen, Vasen, Alltagsgegenständen und Bildnissen hinterlassen hat. Die Privatsammlung verteilt sich auf mehrere Räume und kann besichtigt werden. Bemerkenswert sind auch der Rittersaal, eine Waffen- sowie eine Gehörn- und Geweihsammlung. Die meisten Räume sind unverändert geblieben; sie dienten zu Repräsentations- und Wohnzwecken.

Zu den besonderen Kostbarkeiten zählt neben der weltweit am besten erhaltenen Alexanderbüste der 1515 entstandene Schöllenbacher Altar, der nach umfassender Restaurierung in der hauseigenen Hubertuskapelle seinen Platz einnimmt. Dem umtriebigen Grafen ist es auch zu verdan-

ken, dass die Elfenbeinschnitzkunst (→*Deutsches Elfenbeinmuseum Erbach*) in den Odenwald kam und bis heute einen bedeutenden Wirtschaftszweig darstellt. Seine Leidenschaft für die Antike spiegelte sich auch in den ersten von ihm betriebenen Ausgrabungen entlang des →*Odenwaldlimes* wider (siehe auch →*Eulbacher Park*).

Die Altstadt, das „Städel", mit der Evangelischen Stadtkirche breitet sich ringförmig um die Schlossanlage aus. Diese war ursprünglich durch einen Seitenarm der Mümling von Wasser umgeben. Die Gästeführerinnen wis-

Zahlreiche Original-Marmorbüsten zieren die römischen Zimmer des Schlosses.

Schmuckstück der Hubertuskapelle ist der Schöllenbacher Altar.

sen so manche Anekdote über den „Türken-Schorsch" bis zum Grafen Georg Albrecht („dem Tunesier") zu berichten oder wie die zahlreichen Sammlerstücke aus Italien den Weg nach Erbach gefunden haben. Im Rittersaal hängt die Rüstung von Schwedenkönig Gustav Adolf, an dessen Seite die Erbacher im Dreißigjährigen Krieg (1618–1648) gefochten haben sollen.

Mit der Mediatisierung im Jahr 1806 endete auch die Regentschaft des Grafen Franz I. zu Erbach-Erbach, dem auf dem Marktplatz ein Denkmal gesetzt wurde.

Eulbacher Park

Kein Park wie viele andere ist der Eulbacher Park schon alleine deswegen, da er als der älteste archäologische Park Deutschlands gilt. Die wesentlichen Merkmale sind seit seiner Entstehung in den ersten Jahren des 19. Jahrhunderts erhalten geblieben: ein Mix aus Wildgehegen und Rekonstruktionen römischer Funde aus der Umgebung (→*Odenwaldlimes*), angelegt als Englischer Garten. Gegenüber befindet sich das Jagdschloss der Grafen zu Erbach-Erbach. Auf 400 ha tummeln sich nicht nur Wisente, Muffelwild sowie Rot-, Dam- und Schwarzwild. Als stumme Zeugen erinnern Göttern geweihte behauene Steine mit Inschriften und ein Obelisk an die Römerleidenschaft seines Begründers Graf Franz I. (→*Erbacher Schloss*).

Ein alter Wanderweg, der von Gemarkungssteinen mit dem Dreisternenwappen der Grafschaft Erbach oder mit dem Mainzer Rad gesäumt wird,

Auf der kleinen Insel bekommt die neugotische Inselkapelle häufiger Besuch von Schwänen als von Menschen.

Symbol des Parks ist das Wisent.

führt zu einem See, auf dem Schwäne ihre Runden ziehen. Von der Eberesche bis zum Spitzahorn und Mammutbaum beherbergt der Park eine außergewöhnliche Flora. Auf diesem Grund befand sich einst das Dorf Eulbach, das im Dreißigjährigen Krieg zerstört wurde. Der Park liegt auf 510 m Höhe direkt an der Bundesstraße 47 zwischen den Ortschaften Würzberg und Vielbrunn. Einen Besuch wert sind auch der →*Bergtierpark Erlenbach* im vorderen sowie der →*Wildpark Schwarzach* im südlichen Odenwald.

Burgruine Eulbacher Park

Felsenmeer Reichenbach

Wie eine Ansammlung überdimensionierter Kieselsteine kommt das Felsenmeer bei Reichenbach (Gemeinde Lautertal) im vorderen Odenwald daher. Die Steinelandschaft inmitten eines zusammenhängenden Waldgebiets ist die größte ihrer Art in der Region, die auch Gesteinsansammlungen aus Buntsandstein wie das Ebersberger Felsenmeer (Gemarkung Erbach) und bei Reisenbach (Gemeinde Mudau) zu bieten hat. Die tonnenschweren Felsen sind nicht – wie landläufig angenommen wird – aus Granit, sondern aus dem ähnlichen Melaquarzdiorit. Die größte Anziehungskraft hat der 514 m hohe Felsberg, der sich sowohl über die Steine wie auf Wanderwegen erklimmen lässt.

Entstanden sein soll das Felsenmeer, das zu den drei größten in Deutschland zählt, vor 340 Millionen Jahren, als der Odenwald sich etwa auf der Höhe des Äquators befand. Das tropische Klima im Tertiär (vor zwei bis 65 Millionen Jahren) löste bis in 15 km Tiefe mechanische und chemische Verwitterungen aus. Magma wurde an die Oberfläche gedrückt und erstarrte. Über Jahrmillionen riss das Gebirge auf und Wasser drang in die Ritzen ein und rundete die Gesteinsbrocken ab, die auch „Wollsäcke" ge-

Ein Naturschauspiel ist das drittgrößte Felsenmeer Deutschlands.

nannt werden. Die Kälte der letzten Eiszeit (vor 11 700 bis 127 000 Jahren) transportierte die Gesteinsblöcke schließlich talabwärts und schwemmte verwittertes Gestein, den „Grus", aus. Reste behauener Steine aus der Römerzeit locken auch archäologische Forscher in das heute als Ausflugsziel beliebte Felsenmeer (→*Alemannenweg* und →*Nibelungensteig*). Das Infozentrum am untersten Ende gewährt einen Einblick in die Entstehungsgeschichte und die Mineralienwelt des Geotops sowie in die Steinverarbeitung in der Neuzeit.

Der Sage nach trug sich alles ganz anders zu: Demnach geht die Gesteinsansammlung auf den Streit von zwei Riesen zurück, die auf den beiden Anhöhen Felsberg und Hohenstein wohnten. Die Unholde bewarfen sich so lange mit Steinen, bis sie darunter beerdigt wurden. Angeblich hat einer von beiden überlebt und treibt heute noch hin und wieder sein Unwesen.

Von den römischen Baumeistern als unbrauchbar aussortiert: die Riesensäule liegt heute noch im Felsenmeer.

Freilandmuseum Gottersdorf

Was für einen alten Baum gilt, muss noch lange nicht auch für ein altes Haus zutreffen. Der Umzug des Kleinbauernhofs und seiner Gaststube „Zur goldenen Krone" aus Dallau an der unteren Elz in den Walldürner Ortsteil Gottersdorf hat der ehemaligen Dorfschänke jedenfalls nicht geschadet. Im Gegenteil: Nach der Grundreinigung erstrahlt das über 270 Jahre alte urwüchsige Gebäude in neuem Glanz. Seine neue Heimat ist im Odenwälder Freilandmuseum Gottersdorf. Heute noch steht die für die Region (→*Madonnenländchen*) typische Getreideart, der Grünkern, in allen Variationen auf der Speisekarte: Ob als Suppe, als Küchle mit Kartoffelsalat oder im

Sommer zum Kirschkuchen gebacken – Gerichte mit dem unreif geernteten Dinkelkorn haben Tradition.

Das liebevoll mit heimischen Tierarten, einem Teich und Bauerngärten gepflegte Freilandmuseum wurde 1987 eröffnet. Etliche Veranstaltungen halten die bäuerliche Vergangenheit am Leben. Zwölf Häuser und einige Nebengebäude, wie das öffentliche Waaghäuschen von 1906 aus Neunkirchen oder die Dresch- und Festhalle von 1930 aus Bürgstadt, zählen zum Odenwälder Dorfabschnitt. Dahinter

Bis 1986 stand das 1798 erbaute Bauernhaus noch in Neckarburken.

Die fast 300 Jahre alte ehemalige Dorfschänke „Zur goldenen Krone" aus Dallau hat 1985 im Freilandmuseum ihre neue Heimat gefunden.

schließen sich Gebäude an, die einst im Bauland zu Hause waren, dem südöstlich angrenzenden Landstrich Richtung Heilbronn. Am Museumsdorf beginnt auch der rund 42 km lange Grünkernradweg, der nach Widdern führt.

Ausgestellt sind auch alte landwirtschaftliche Geräte wie die „Kartoffelhexe".

Geo-Naturpark Bergstraße-Odenwald

Weit über die geografischen Grenzen des Odenwalds hinaus reicht die Fläche des Geo-Naturparks Bergstraße-Odenwald, dem 2002 der Status als nationaler und europäischer Geopark zuerkannt wurde. Zwei Jahre später folgte die Aufnahme in das Global Geoparks Network der UNESCO. Die Anerkennung als Naturpark geht bereits in die Sechzigerjahre des vergangenen Jahrhunderts zurück. Auf einer Fläche von 3500 km^2 genießt die Region in ihrer West-Ost-Ausdehnung vom Rhein bis zum Main und von Norden nach Süden von Darmstadt bis Heidelberg einen besonderen Status, der weltweit bisher nur 87 Mal vergeben wurde.

Die Region präsentiert sich unter dem Motto „Granit und Sandstein – Kontinente in Bewegung". Am Beispiel besonderer Orte wie etwa der →Grube Messel, dem →Felsenmeer Reichenbach im Lautertal oder der →Eberstadter Tropfsteinhöhle bei Buchen werden 500 Millionen Jahre bewegter Erdgeschichte sichtbar. So bewahren die roten Felswände des Buntsandsteins die Spuren ehemaliger Flusslandschaften;

im kristallinen Odenwald trifft der Besucher auf Gesteine, die einst Kilometer tief in der Erde beim Zusammenprall zweier Urkontinente entstanden sind. Etliche Eingangstore und Infozentren bieten Einblicke in die geologische und kulturelle Vergangenheit und machen auf über 30 Geopark-Pfade und

Mit zweisprachigen Infotafeln macht der Geo-Naturpark auf die Besonderheiten der Region aufmerksam.

Eingangstore wie das 2012 eröffnete vor der Eberstadter Tropfsteinhöhle bieten ein museums- bzw. umweltpädagogisches Programm.

Geopunkte sowie auf die 15 000 km markierten Wanderwege aufmerksam. Geopark-Ranger bringen Kindern wie Erwachsenen im Rahmen zahlreicher Veranstaltungen und geführter Wanderungen die Region näher. Im globalen Geopark-Netzwerk pflegt der Geo-Naturpark Bergstraße-Odenwald eine Partnerschaft mit den Geoparks Mt. Lushan und Hongkong in der Volksrepublik China.

Geopark-Ranger bieten Führungen für Kinder und Erwachsene an.

Gotthardskapelle Amorbach

Der steile Anstieg (→*Nibelungensteig*) über den Marienweg zu dem 300 m hoch gelegenen Gotthardsberg hat sich gelohnt: Von der Plattform des Turms aus reicht der Blick über den Talkessel von Amorbach vom Odenwald bis zum Spessart. Von turbulenten Zeiten geprägt, ist ein nackter Steinbau zurückgeblieben, der einst zu einer Ritterburg gehört haben soll. Etliche Ausgrabungen rings um die Ruine erwecken den Eindruck, dass die Forschungen darüber erst am Anfang stehen. Schautafeln erinnern daran, dass im 8. Jahrhundert der fränkische Gaugraf Ruthard eine dreischiffige Pfeilerbasilika zu Ehren des Heiligen Godehards von Hildesheim bauen ließ. Später wurde das Gebäude als Benediktinerinnenkloster genutzt, ab 1439 diente es als Propstei. 1525 ließen die Untertanen ihren Hass auf die klerikale Herrschaft im Bauernkrieg auch an diesem Gotteshaus aus.

Dem Berg gegenüber türmt sich auf dem Wolkmann-Gipfel, dem Hausberg von Amorbach (→*Abteikirche Amorbach* und *Kapelle Amorsbrunn*), eine sechs Meter hohe Pyramide aus Stein. Der nach seinem Erbauer ernannte „Schwabenstein" ist allerdings neueren Datums und geht auf die Idee eines Bergsteigers zurück.

Nur wenig Sonnenlicht dringt in das Innere des sakralen Baus vor.

Bereits seit dem 8. Jahrhundert steht die Kapelle auf dem Gipfel des Gotthardsbergs.

Der Weg hinauf zum Berg wird von einer schönen Aussicht belohnt.

Grube Messel

Von Weitem fällt die von dichtem Waldbestand begrenzte Fläche zunächst nur dadurch auf, dass hier von zahllosen Grabungen Furchen und Aushebungen entstanden sind, die ein weit ausladendes Loch hinterlassen haben. Erst wenn der Zaun sich öffnet und die geführte Besuchergruppe den Boden aus der Nähe erkunden darf, gibt die einstige Rohstofflagerstätte ihr Geheimnis preis.

Zum Vorschein kommen Käfer, Fische, Vögel und Wirbeltiere aus einer Zeit vor 47 bis 50 Millionen Jahren, als die Säugetiere sich auf den Weg machten, die Erde zu erobern. Die Ölschiefer- und Fossil-Lagerstätte Grube Messel zählt weltweit zu den größten Fundstätten des Lebens während des Eozäns in der Tertiärzeit.
Als Erste in Deutschland wurde die rund 800 Meter im Durchmesser messende und etwa 65 Meter tiefe Grube im Jahr 1995 in die Liste der UNESCO-

Die Ausstellung findet im Fossilien- und Heimatmuseum ihre Fortsetzung.

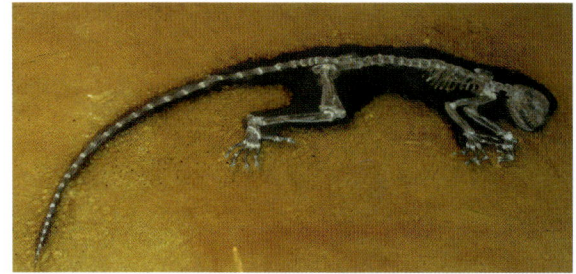

Versteinerte Zeugen aus einer Zeit vor bis zu 50 Millionen Jahren

Rechte Seite;
Die Entstehung der Grube geht auf Maarexplosionen zurück.

Welterbestätten aufgenommen. Was von der Aussichtsplattform aus nicht zu sehen ist, zeigt das Besucherzentrum aus nächster Nähe. Viele der wertvollsten und am besten erhaltenen Funde sind ausgestellt: Über 100 Pflanzenfamilien, acht Fisch-, fünf Amphibien-, über 30 Reptilien- und über 50 Vogelarten wurden bislang gezählt und wissenschaftlich ausgewertet. Das Fossilien- und Heimatmuseum in Messel erinnert auch an die Industriegeschichte der „Messeler Braunkohle", die bis Anfang der Sechzigerjahre des vergangenen Jahrhunderts abgebaut wurde. Eine Bürgerinitiative konnte verhindern, dass die Schätze der Grube unter einer Mülldeponie verschüttet wurden.

Haus Kickelhain Mosbach

Mit einer Grundfläche von nur 26 m² zählt das Haus Kickelhain zu den kleinsten freistehenden Fachwerkhäusern Deutschlands. Das Kleinod in der Altstadt von Mosbach (→*Palm'sches Haus*) gehört zum Stadtmuseum, das auf sechs historische Gebäude verteilt ist. Typische Bauernmöbel stehen für die Wohnkultur im 18. und 19. Jahrhundert. In der Hospitalscheune wird die Tradition der Handwerkskunst wach. Ein Stockwerk tiefer ist die „schwarze Kunst" zu Hause. Funktionsfähige Druckmaschinen erinnern an die Anfänge des über 550 Jah-

Von der Fußgängerzone aus geht es durch die Ölgasse und einmal um die Ecke: das Haus Kickelhain ist trotz seiner schmalen Form nicht zu übersehen.

re alten Druckerhandwerks. Im Alten Hospital befindet sich eine bedeutende Sammlung von Mosbacher Fayencen, Majolika und traditioneller Hafnerkeramik sowie Exponate zur über 1100 Jahre alten Stadtgeschichte.

Seinen Namen verdankt das 1788 erbaute Häuschen dem Töpfer Georg Kickelhain, der von 1920 bis 1957 das Haus bewohnte. Im städtischen Besitz werden seit 1972 die 52 m² Wohnfläche als Museum genutzt. Wanderfreunde genießen in Mosbach ihre Rast auf dem 126,4 km langen →Neckarsteig.

1987 stiftete die Kolpingfamilie den "Kiwwelschisser"-Brunnen. Im 19. Jahrhundert musste der ausgediente Weinkübel als Toilette herhalten.

Himbächelviadukt

Das Himbächelviadukt gilt als Musterbeispiel der Ingenieurkunst seiner Zeit.

Von schlichter Schönheit daher kommt das rund 40 m hohe und 250 m lange Himbächelviadukt, das im Mümlingtal zwischen dem Erbacher Stadtteil Ebersberg und Hetzbach (Stadt Beerfelden) errichtet wurde. Für die 1881 in Betrieb genommene Eisenbahnbrücke wurden rund 16 400 Kubikmeter Odenwälder Buntsandstein verarbeitet. Mit einer Bogenspanne von 20 m können nur wenige Eisenbahn-Viadukte in Deutschland aus dieser Zeit mithalten. Seinerzeit galt es als das höchste eingeschossige Bauwerk seiner Art.
Keine 13 Monate sollen die Bauarbeiten gedauert haben, bis die nach den Plänen des Oberbaurats Justus Kramer von der Hessischen Ludwigsbahn Darmstadt errichtete Brücke fertiggestellt war. Heute wie damals verbindet die erst um die Jahrtausendwende modernisierte Odenwaldbahn den Landstrich mit den Ballungsräumen am Main und Neckar. Vom nahe gelegenen →*Marbachstausee* kommend queren Wanderer das Himbächelviadukt auf dem →*Nibelungensteig* und nehmen dabei die Brücke aus einem anderen, näheren Blickwinkel wahr. Dem Himbächelviadukt wurde die Auszeichnung „Historisches Wahrzeichen der Ingenieurbaukunst in Deutschland" verliehen.

Histotainment Park Adventon Osterburken

Einer Reise in die Vergangenheit, die erst am Entstehen ist, gleicht der Besuch im Histotainment Park Adventon außerhalb von Osterburken. Hier, an der Nahtstelle zwischen fränkischem Odenwald und Hohenlohe, leben und arbeiten Freunde mittelalterlichen Lebensgefühls aus vielen Ländern. In 30 Jahren Bauzeit soll hier eine originalgetreue Stadt aus dem Hochmittelalter entstehen. Das Ziel: Adventon bildet einen Zeitstrahl ab, der vom Kerngelände, der Marienhöhe aus Richtung Osten immer älter wird, bis er ganz im Osten bei Wikingern und Kelten ankommt.

Bauen wie im Mittelalter und davor ist das Prinzip des Histotainment Parks Adventon.

Hier auf dem experimental-archäologischen Gelände stehen bereits fünf Wikingerhäuser; im weitaus größeren Stadtgelände sind noch etliche Gebäude nur auf dem Plan vorhanden. In den bereits fertigen Werkstätten gehen Tuchmacher, Seiler, Schmiede und Köhler bereits ihrem Handwerk nach, ganz nach dem Motto „Museumspark für lebendige Geschichtsdarstellung".

Ein reichhaltiges Programm mit Großveranstaltungen verwandelt den Histotainment Park mehrmals im Jahr in einen Schauplatz mit Ritterspielen, Kampfszenen und einem bunten Markttreiben. Der Besucher wird Teil einer Zeit, in der edle Ritter und Damen in feinen Gewändern, fahrende Händler, Hexen, Gaukler, Spielleute und Zauberkünstler das Leben bestimmten. Auf den Weidekoppeln grasen nicht rein zufällig Auerochsen, Skudden, Heidschnucken und Soayschafe. Es sind ausschließlich Tierarten, die bereits im Mittelalter gehalten wurden.

Links:
Auerochsen grasen friedlich vor den Wikingerhäusern.

Rechts:
Es darf auch mal etwas zum Gruseln sein.

Indoor-Spielplätze

Nicht nur für Aprilwetter oder an verregneten Sonntagen im November bieten sich die beiden Indoor-Spielplätze in Groß-Biberau und Michelstadt als ideale Alternative an, um dem Bewegungsdrang und der Abenteuerlust junger Besucher freien Lauf zu lassen. „Fabulas Zauberwelt" in Michel-

Im Indoor-Spielplatz Groß-Bieberau sorgt eine hauseigene Küche mit gesunden Produkten aus der Region für das leibliche Wohl seiner Gäste.

stadt legt großen Wert darauf, als Indoor-Spielpark aus Naturholz jederzeit Kinderträume in Erfüllung gehen zu lassen. Die großräumige Halle bietet tatsächlich für jeden Geschmack den passenden Zeitvertreib mit viel Spaß: für die Kleinen im Bällchenbad mit Rutsche; für Größere im Kletterwald oder auf dem Piratenschiff. Kindergeburtstage können je nach Vorliebe im Prinzessinnenzimmer oder im Rittersaal gebucht werden.

Trampoline, Hüpfburgen, ein Bällebad sowie eine Bobby-Car-Bahn laden im Indoorspielplatz Groß-Bieberau dazu ein, sich so richtig auszutoben. Für sportliche Herausforderungen sorgen neben dem 9 m hohen Kletterturm und der Minigolfanlage im Außenbereich Tischtennisplatten und Tischkicker. Kindergeburtstage können ohne Stress und Hektik gefeiert werden.

Spaß haben in luftiger Höhe bietet der Kletterwald in „Fabulas Zauberwelt".

Jüdisches Museum Michelstadt

Wie überall im Dritten Reich war am 9. November 1938 auch die Synagoge von Michelstadt die erste Zielscheibe des fanatisch aufgehetzten Pöbels. Die Innenräume wurden zwar völlig zerstört, das 1791 errichtete Gotteshaus aber blieb erhalten. Erzählt wird, dass an der Schändung Beteiligte Angst davor gehabt hätten, dass ein Feuer in der engen Altstadt auch ihr Eigentum hätte vernichten können. Heute befindet sich in der restaurierten Synagoge unweit des →*Michelstädter Rathauses* das nach dem Landesrabbiner von Hessen (1954–1967) benannte Dr. I. E. Lichtigfeld-Museum.

In den Innenräumen sind Kultgegenstände, Archivalien und Fotoreproduktionen zu sehen, die an das Leben der früheren jüdischen Mitbürger der Stadt erinnern. Dank der Spende einer Thorarolle durch den Landesrabbiner von Sachsen, Dr. Salomon Almekias-Siegl, finden seit wenigen Jahren wieder Shabbat-Gottesdienste statt. Am nordöstlichen Stadtrand befindet sich der etwa 300 Jahre alte jüdische Friedhof, auf dem auch

Die Synagoge von Michelstadt, die die Pogromnacht überstanden hat, dient heute als jüdisches Museum.

Zu Papier gebrachte Fürbitten zieren seit Jahrhunderten das Grabmal des Wunderrabbis Seckel Löb Wormser.

Blick auf den Altar mit dem Toraschrank an der Wand

die Grabstätte des Rabbiners Seckel Löb Wormser (1768–1847) steht. Alljährlich reisen zum Todestag des auch als Baal Schem (Wundermann) bezeichneten Rabbiners Gläubige aus vielen Ländern an, um zu beten. Ihren Höhepunkt erreichte die größte jüdische Gemeinde im Odenwald 1860, als von rund 3100 Einwohnern 192 jüdischen Glaubens waren.

Kapelle Amorsbrunn

Der Kapelle Amorsbrunn wird nachgesagt, als Grundstein für das Barockstädtchen Amorbach (→*Abteikirche Amorbach*) gedient zu haben. Das Gotteshaus von 714 geht auf den Heiligen Pirmin zurück. Ebenso wenig sicher belegt ist, dass als Namensgeber dessen Schüler, der Heilige Amor, fungierte, der an dieser Stelle 734 die Quellenkultstätte begründet haben soll.

Auf dem Berg gegenüber steht die →*Gotthardskapelle Amorbach*. Vom fränkischen Gaugrafen Ruthard unterstützt, soll von Amorbach aus im 8. Jahrhundert die Christianisierung des Odenwalds durch irische Wandermönche begonnen haben. Heute noch sprudelt die Quelle im Gotteshaus Amorsbrunn, der Heilkraft gegen Kinderlosigkeit und Augenkrankheiten nachgesagt wird. Ihr Ruf lockte Gläubige bis in das 17. Jahrhundert von Nah und Fern an. Seit 1535 kann an der äußeren Chorwand ein Christopherusbildnis be-

Die Kapelle Amorsbrunn befindet sich am westlichen Stadtrand, unweit der Bundesstraße 47.

Links:
Die Sandsteininschrift mit dem Hinweis auf den Begründer der Kapelle ist neueren Datums.

AMORSBRUNN
FRÜHERE QUELLEN KULTSTÄTTE
734 VOM HL. AMOR VERCHRISTLICHT
WIEGE DER ABTEI AMORBACH
V. NATURPARK B.O.

wundert werden. Rechts von der Kapelle sind die Reste eines „Heilbads" zu sehen, das im 16. Jahrhundert angebaut worden war. Die Sandsteinkanzel und eine barocke Mariensäule gehen auf das Jahr 1720 zurück.

Kapelle St. Veit und St. Martin Steinbach

Nur wenige Schritte entfernt von der Dorfkirche von Steinbach (Gemeinde Mudau im fränkischen Odenwald) fällt die kleine Kapelle St. Veit und St. Martin auf, die auch „alte Martinska-

pelle" genannt wird. Das Gotteshaus von 1494 beherbergt einen Hochaltar mit zwei Flügeln, der zwischen 1503 und 1514 im Stile der Riemenschnei-derschule entstanden ist. Weitere Schmuckstücke sind zwei Barock-Sei-tenaltäre aus dem 18. Jahrhundert. Gewidmet ist das Schmuckstück der

Wie alle Gotteshäuser jener Zeit ist die Kapelle von Westen nach Osten ausgerichtet.

schmerzhaften Mutter Gottes mit Darstellungen aus dem Leben Jesu. Aufwendige Restaurierungsarbeiten begannen 1977 und fanden 1990 mit dem Wiedereinbau in das Kirchlein ihren Abschluss.

Das Gebäude wird dem Amorbacher Bildhauer Johannes Eseler zugeordnet. Am Giebelanfangstein an der Nordseite findet sich mit 1514 eine weitere Jahreszahl, was auf eine frühe Erweiterung hindeutet. Mit dem Aufstieg Steinbachs zur selbstständigen Pfarrei 1871 unter Einbeziehung der benachbarten Dörfer Rumpfen und Stürzenhardt reichte der Platz nicht mehr für alle Gläubigen aus. Seitdem finden die Gottesdienste in der 1899 errichteten St.-Martinskirche statt, in die auch die steinerne Kanzel von 1564 umgezogen ist.

Im Mittelteil des zweiflügeligen Hochaltars ist die Fürbitte und Trauer um den ermordeten Sohn zu sehen.

Katzenbuckel

Bei Waldkatzenbach, unweit der Stelle, an der sich die Landesgrenzen von Baden-Württemberg, Bayern und Hessen berühren, macht eine dicht bewaldete Bergkuppe aus Buntsandstein auf sich aufmerksam. Der Katzenbuckel, die mit 626 m höchste Erhebung im Odenwald, war einst ein feuerspeiender Berg. Die aktive Zeit des Vulkans liegt allerdings bereits 60 Millionen Jahre zurück. Dennoch sind die Spuren der Eruption auch heute noch gut sichtbar, und für Geologen wie für Mineralogen lohnt sich der Weg nicht weniger als für Naturfreunde und Wanderer.

Wer die Strecke vom nahe gelegenen Dorf nicht zu Fuß bewältigen will, kann auch mit dem Pkw bis zur am Waldrand gelegenen Turmschenke fahren. Von dort führt ein etwa zehnminütiger Anstieg bis zum höchsten Punkt. Der Besucher findet große, mit Moos bewachsene Basaltsteine vor, die sich rund um den 1821 erbauten Aussichtsturm verteilen. Wer die 80 Sandsteinstufen auf der engen Wendeltreppe bezwungen hat, wird mit einem Ausblick über den Odenwald hinaus belohnt, der bei gu-

Nach 80 Sandsteinstufen bietet sich vom Turm aus ein herrlicher Blick über den Odenwald und das Neckartal.

tem Wetter bis zum Feldberg im Taunus reicht. Als lohnenswert erweist sich auch der rund um den Berg führende Lehrpfad „Weg der Kristalle", der an der Sprungschanze vorbei auch den ro-

Der Gebirgssee liegt auf dem Lehrpfad „Weg der Kristalle".

mantischen Steinbruchsee unweit des Gasthau-
ses einbezieht. Unweit davonladen das Feriendorf Waldbrunn und die Katzenbuckel-Therme
dazu ein, hier erholsame Tage zu verbringen.

*Die bucklige Katze auf dem Sandsteinrelief über dem Ein-
gang des ehemaligen Rathauses von Waldkatzenbach hat
zweifelsfrei etwas mit dem Berg tun.*

Madonnenländchen

Der Landstrich um die frühere Kreisstadt Buchen (→*Narrenhochburg Buchen*) im Südos-
ten des Odenwalds trägt auch der zahlreichen
Bildstöcke und Votivsprüche wegen den Beinamen „Madonnenländchen". Hier verlief
nicht nur die Glaubensgrenze (→*Wallfahrtskirche Schöllenbach*), sondern bildete sich
auch während der Gegenreformation Mitte
des 16. Jahrhunderts ein Zentrum der Marien-
verehrung heraus. Von Bedeutung sind heute
noch Pilgerfahrten zur →*Wallfahrtsbasilika
Walldürn*. Auch das Wappen des Altkreises
verrät neben der Zugehörigkeit einiger Ge-
meinden zum Erzstift Mainz, erkennbar am
weißen Rad, durch die Buche und die Ähre die
landwirtschaftlichen Schwerpunkte (→*Freilandmuseum Gottersdorf*). Es ist die Heimat
des Grünkerns, der des flachgründigen, mu-
schelkalkhaltigen Bodens wegen am Ostrand
des Odenwalds und im benachbarten Bauland
angebaut wird.
Einen herrlichen Blick über die mit sanften
Hügeln durchzogene Landschaft bietet sich
vom „Erholungspark Madonnenländchen".

*Wahrzeichen der Stadt und der Region ist die Mariensäule
von Buchen. Seit 1754 blickt die Himmelskönigin mit dem
Kind von der Barocksäule herab.*

Vom Zahn der Zeit gekennzeichnet sind die allermeisten Bildstöcke wie jener neben der Landstraße von Buchen nach Steinbach (oben) oder die Säulenstatue in der Nähe des Dreiländersteins.

Das Feriendorf liegt auf einer Anhöhe von Reinhardsachsen, einem Stadtteil von Walldürn.

Marbachstausee

Bademöglichkeiten in Seen sind rar im Odenwald. Die wenigen Seen sind entweder für den Badebetrieb nicht zugelassen oder werden von kalten Gebirgsbächen gespeist und sind dank ihrer dichten Uferbepflanzung nicht oder nur sehr eingeschränkt zugänglich. Zu einem Publikumsmagneten dagegen entwickelt hat sich der Marbachstausee, der dank einer Länge von rund 1300 m und Breite zwischen 110 und 240 m genügend Raum für Badefreunde, Angler, Surfer, Bootsfahrer und Segler bietet. In der dicht bewaldeten Umgebung zwischen Mossautal und Erbach finden Wanderer nicht nur auf dem →Nibelungensteig Erholung.

Einst zum Zwecke des Hochwasserschutzes für die Städte und Orte des Mümlingtals errichtet, dient der 1982 angelegte Stausee heute vorwiegend als Ausflugsziel.

Gestaut wird der Marbach, der an dieser Stelle die dauerhaft unter Wasser stehende Fläche von 22 ha bei Bedarf mehr als verdoppeln kann. Die Talsperre kann die Wassermassen von 0,7 Millionen auf über drei Millionen Kubikmeter regulieren. Angeschlossen ist ein kleines Wasserkraftwerk. Nicht betreten werden darf die Naturschutzinsel, die als Vogelschutzgebiet ausgewiesen ist.

Frostige Nächte hinterlassen in den Morgenstunden der ersten Frühlingstage ihre Spuren.

Still ruht der See. Im Sommer ist der Marbachstausee aber auch Ziel mehrtägiger Open-Air-Festivals.

Michelstädter Rathaus

Dem unbedachten Betrachter passiert es schon einmal, dass er das Rathaus von Michelstadt gleich um 404 Jahre jünger einschätzt, als es tatsächlich ist. Die am Tragpfosten eingestemmte Jahreszahl nennt nachweislich das Jahr 1484. In der altertümlichen Schreibweise wurde die Vier wie eine unvoll-

Die Inschrift lautet auf 1484.

ständige Acht geschrieben. Besonders den Erkertürmchen an den beiden Frontseiten und dem markanten Mittelteil mit dem abgekanteten Giebel ist es zu verdanken, dass das spätgotische Rathaus als der Inbegriff deutscher Fachwerkskunst gilt. Dabei ist der Baumeister gar nicht mehr bekannt. Hinter den schweren Eichenpfosten, die das imposante Gebäude tragen, wurden Gerichtsverhandlungen im Freien abgehalten; im darüber liegenden Rathaussaal fanden noch bis 1973 die Sitzungen der Stadtverordneten statt.

Gleich dahinter steht die Evangelische Stadtkirche, die zwischen 1461 und 1537 errichtet wurde. Wie auch in der →*Abteikirche Amorbach* befindet sich in dem Gotteshaus eine Stumm-Orgel, von der allerdings nur noch das Gehäuse für die 1910 eingebaute Steinmeyer-Orgel übrig geblieben ist. Von der Seite

Der Baumeister des Rathauses von Michelstadt ist nicht bekannt.

begrenzt wird der Marktplatz von der Löwenhofreite, die als Station für den Liniendienst der Postkutschen diente.

Über dem im Renaissance-Stil erbauten Marktbrunnen wacht der Schutzpatron der Stadt, der Erzengel Michael. Nur wenige Schritte davon entfernt befand sich einst die Michelstädter Burg (erbaut um 740), der Wohnsitz des Stadtgründers Einhard (→*Einhardsbasilika Steinbach*). Die heute mit der Stadtmauer verbundenen Gebäude stammen aus der ersten Hälfte des 16. Jahrhunderts. Zentrum der Kellerei ist das Odenwald- und Spielzeugmuseum mit einer Sammlung des Grafikers und Buchillustrators Fritz Kredel (1900–1973). Die mittelalterliche Altstadt kommt besonders in den Adventswochen während des Weihnachtsmarkts zur Geltung.

Mit einer Liebe fürs Detail hat der Künstler Fritz Kredel seine Heimatstadt abgebildet.

Mildenburg

Hoch über der Stadt Miltenberg am Main thront auf
einer Bergkuppe die Mildenburg, die um 1200 zum
Schutze vor Angreifern mit einem Bergfried ihren
Anfang nahm. Später von einer Ringmauer umgeben, wird die Burg 1226 urkundlich Erzbischof Siegfried von Eppstein zugeschrieben. Ihre erste Zerstörung muss um das Jahr 1240 durch den mainzischen
Burggrafen erfolgt sein; eine Folge der Lorscher
Fehde von 1232. Über die Jahrhunderte hinweg
wechselten sich Wiederaufbauten und -ausbauten
ab, bis 1803 der Fürst von Leiningen (→*Schloss Löwenstein*) dem Verfall ein Ende setzte. Seit 1979 ist
die Burg im Besitz der Stadt und im Juli 2011 hat eine
Kunstsammlung der Diözese Würzburg Einzug gehalten. 160 rumänische Hinterglasikonen aus der
Sammlung von Dr. Joachim und Marianne Nentwig
sowie 16 griechische und russische Ikonen des 16. bis
19. Jahrhunderts stehen modernen Werken von Joseph Beuys, Bruno Ceccobelli, Sandro Chia und anderen zeitgenössischen Künstlern gegenüber.
Über den →*Nibelungensteig* führt der Weg bergab
durch das Schnatterloch in die Altstadt. Der schluch-
tenartige Entwässerungsgraben der Burg diente zugleich als älteste Stadtgrenze. Auf dem Marktplatz
laden nicht nur zahlreiche Cafés und kleine Läden
zum Verweilen ein, sondern zeugen der Marktbrun-

*Bis die Kunst einziehen durfte, hatte die Mildenburg viele
Schlachten zu schlagen.*

Der Blick von der Burg über die Stadt Miltenberg reicht bis über das benachbarte Bürgstadt hinaus.

nen von 1583, die Pfarrkirche St. Jakobus der Ältere sowie das frühere Centgrafenhaus von einer langen Stadtgeschichte. Der Gasse folgend fällt schon von Weitem ein prächtiges Fachwerkhaus auf. Das Gasthaus „Zum Riesen" geht in das 12. Jahrhundert zurück und trägt den Titel, ältestes Gasthaus Deutschlands zu sein.

Das Gasthaus „Zum Riesen" gab es schon im 12. Jahrhundert.

Museum Ober-Ramstadt

Das Museum Ober-Ramstadt, das vom Verein für Heimatgeschichte getragen wird, ist weit mehr als ein übliches Heimatmuseum. Auf engem Raum spiegelt es nicht nur die gewerbliche Geschichte der Stadt am nordwestlichen Rand des Odenwalds wider, sondern nimmt den Besucher auch mit in die Zeit der lokalen Automobilindustrie. Eine Abteilung ist dem bedeutendsten Sohn der Stadt, Georg Christoph Lichtenberg (1742–1799), gewidmet (→Schloss Lichtenberg). Bekannt geworden sind dessen von ihm selbst so genannte „Sudelbücher", in denen er in aphoristischer Form spontane Einfälle wie naturwissenschaftliche Feststellungen festgehalten hat. Der in Göttingen wirkende Mathematiker hat sich besonders als erster Professor für Experimentalphysik einen Namen gemacht.

Untergebracht ist das Museum im alten Rathaus, das 1732 von dessen Vater, Johann Conrad Lichtenberg, erbaut wurde. Neben persönlichen Gegenständen und Würdigungen macht eine Präsenzbibliothek mit Werken zum Leben und Werk Georg Christoph Lichtenbergs auf sich aufmerksam. Der Besucher fragt sich, wie in das alte Fachwerkhaus drei Fahrzeuge hineingekommen sind. Zwei davon stehen für eine spannende Epoche von 1927 bis 1935, in der Ober-Ramstadt Automobilstandort sein durfte. Oldtimerfreunde können sich

Dank seiner Zahnstangenlenkung galt der Röhr 8 bei den Automobilausstellungen in Berlin, Paris und Genf als der sicherste Wagen der Welt.

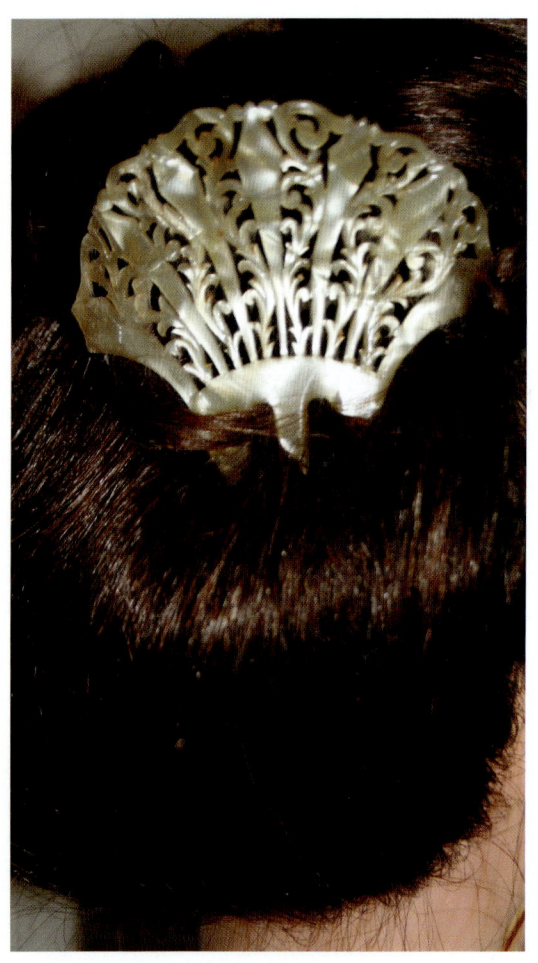

nicht satt sehen am Röhr 8 Typ RA Sportcabriolet (Baujahr 1931) und dem Röhr Junior mit Sonderkarosserie aus dem Jahr 1937. Eine bewegende Geschichte hat auch die örtliche Kammindustrie zu erzählen, die von der Schildpattverarbeitung über die Zelluloid- bis zur Galalithproduktion reichte. Das Museum erinnert auch an das Privileg, das 1699 Landgraf Ernst Ludwig von Hessen-Darmstadt einer Gruppe französischer Waldenser einräumte. Die Kolonie befindet sich in den Stadtteilen Wembach-Hahn und Rohrbach. Etwa auf halber Strecke verläuft hier der Hugenotten- und Waldenserpfad, der auf rund 1800 km Bad Karlshafen und Schaffhausen in der Schweiz miteinander verbindet.

Die Kurzhaarmode der 1930er-Jahre ließ die Nachfrage nach Kämmen rapide sinken.

Narrenhochburg Buchen

Die „Faschenacht zu Buche" findet alljährlich nicht nur, wie anderswo auch, in den ausgehenden Wintertagen statt. Es wird zwar nicht das ganze Jahr über gefeiert und gefeixt, aber wie närrisch die Einwohner der Kleinstadt im →Madonnenländchen das Leben zu nehmen verstehen, zeigen sie gerne in den Gassen, Plätzen und auf Hauswänden in der Innenstadt. Auf dem oberen Marktplatz tobt auf dem Narrenbrunnen eine ganze Gesellschaft, bei der auch ein Bär nicht fehlen darf. Die Bronzefigur wurde von dem bekannten Künstler Joseph Michael Neustifter angefertigt. Davor reckt der „Blecker" von Buchen ungeniert sein entblößtes Hinterteil in die Höhe. Ihm wird nachgesagt, sein Anblick habe 1382 tatsächlich die Truppen von Ruprecht I. von der Pfalz davon abgehalten, die Stadt zu erobern. War dem wirklich so, kommt nur das Original in Frage, das seinen Platz auf der Stadtmauer längst gegen einen im Buchener Bezirksmuseum eingetauscht hat.

Beim Rosenmontagszug fährt gar eine goldene Nachbildung auf einem eigenen Wagen mit, was eingefleischte Fans zum Kuss auf das nackte Hinterteil bewegt. Schmackhafter dagegen erweist sich die Variante käuflicher Nachbildungen, die es auch aus Marzipan gibt. Eine heitere Anspielung auf den

Die „Huddelbätze" sind nicht so harmlos, wie sie aussehen. Unter den bunten Kostümen warten Besen aus Birkenreisig darauf, unliebsame Angreifer abzuwehren.

Wie am ehemaligen Zunfthaus finden sich etliche „Neidköpfe" aus Stein oder Holz, die einst zum Schutz gegen böse Geister und Dämonen angebracht wurden.

„Blecker" ertönt im Schlachtruf „Hinne Houch" der Straßenfastnacht. Aus dem Dialekt übertragen heißt es im Narrenmarsch weiter: „Kerl wach auf! Vergiss deine Not und deine Mühe, kurz ist das Leben, darum ‚Hinten Hoch!'" Geprägt wird der Straßenumzug von den „Huddelbätze", die mit ihren aus bunten Stoffresten genähten Kostümen auch auf anderen Faschingsumzügen gerne gesehen sind.

Vielleicht ist der Götz von Berlichingen beim Anblick des „Bleckers" auf den Gedanken gekommen, der für sein bekanntes Zitat verantwortlich ist. Seinen Aufzeichnungen nach hat er Buchen in keiner guten Erinnerung behalten.

Naturschutzgebiet Reinheimer Teich

Ein Naturschauspiel, wie es eher in Wildnissen vermutet wird, bietet das Naturschutzgebiet Reinheimer Teich. Auf rund 75 Hektar hat sich über Jahrhunderte hinweg eine seltene Pflanzen- und Tierwelt entwickelt. Tierschützern ist es gelungen, die Europäische Sumpfschildkröte anzusiedeln.

Neben dem breitblättrigen Knabenkraut zählen auch der Erdbeer-Klee, der Sumpf-Löwenzahn und das Sumpfveilchen zu den zwölf dort vorkommenden Pflanzenarten, die auf der Roten Liste als gefährdet eingestuft sind. Die zur Hälfte mit Schilf bewachsene Fläche bietet Schutz und Lebensraum für über hundert Vogel-, 16 Heuschrecken- und 21 Libellenarten. Zwölf Fischarten und sechs Amphibienarten sind hier zu Hause. Auch unter den rund 90 Laufkäferarten und 120 verschiedenen Spinnen stehen etliche auf der Gefährdungsliste. Graureiher und Schwalben ziehen ihre Kreise über dem Feuchtgebiet, das bereits 1625 nach dem Erwerb durch Landgraf Ludwig V. als Fisch-

Das Storchenpaar hat seinen angestammten Platz auf dem Dach der Teichscheune.

teich ausgebaut wurde. Wechselnde Eigentümer und Nutzungsmöglichkeiten mündeten schließlich 1975 in der Anerkennung als Naturschutz- und Flora-Fauna-Gebiet „Untere Gersprenz".

Ein gut beschilderter Informationsweg führt auf drei Kilometern rund um den Teich, der unweit der Straße zwischen den Orten Spachbrücken und Habitzheim gut zu Fuß zu erreichen ist.

Das dichte Schilf bietet Schutz für über hundert Tierarten.

Neckarsteig

Kurvenreich windet sich der Neckar auf seinen letzten Kilometern von Mosbach (→*Palm'sches Haus Mosbach* und →*Haus Kickelhain Mosbach*), bevor er in Mannheim in den Rhein mündet. Wer sich das Naturschauspiel aus nächster Nähe ansehen möchte, begibt sich auf den 126,4 km langen Neckarsteig, der von Heidelberg im Westen bis nach Bad Wimpfen den Fluss mit häufigen Seitenwechseln begleitet. Der mit 3127 Höhenmetern anspruchsvolle Fernwanderweg wurde Anfang 2012 mit dem Siegel „Qualitätswanderweg Wanderbares Deutschland" des Deutschen Wanderverbands aufgewertet. Zwischen dicht bewaldeten Berghängen ragen auf den Gipfeln ein gutes Dutzend Burgen und Ruinen hervor. Allein Neckarsteinach zählt vier Burgen, die zwischen den Jahren 1100 und 1230 von den Landschad von Steinach erbaut wurden. Gegenüber macht das 450 m hohe Dorf Dilsberg dank seiner imposanten Höhenlage auf sich aufmerksam. Auch die vor 800 Jahren als Wohnsitz des Grafen Boppo V. von Lauffen errichtete Burg ereilte dasselbe Schicksal wie so viele andere, nach anfänglichen Zerstörungen schließlich als Steinbruch gedient zu haben. Etliche steinerne Festungen sowie Städte wie Hirschhorn, Eberbach und Zwingenberg mit ihren engen Gassen und historischen Stadtkernen bieten sich als Etappenziele an. Wer den Odenwald zu Fuß näher kennenlernen will, hat weiter nördlich die Wahl zwischen den beiden weiteren zertifizierten Fernwanderwegen →*Nibelungensteig* und →*Alemannenweg*.

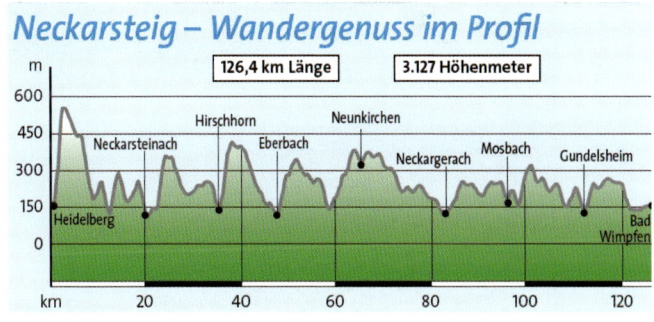

Höhenprofil

*In Eberbach zu Hause wie im Wappen der Stadt:
der Eber*

*Links: Der Weg zur Margarethenschlucht bei Ne-
ckargerach lohnt sich auch, wenn das Gebirgs-
bächlein nur wenig Wasser führt.*

*Von der gegenüber liegenden Burg Schadeck aus gesehen betont der 450 m hohe Dils-
berg seine typische Form als grüner Kegel.*

Neckarsteig

Odenwaldklub e.V.
Naturpark Neckartal-Odenwald

Neunkircher Höhe

Die Neunkircher Höhe ist mit ihren 605 m nicht nur die höchste Erhebung im hessischen Teil des Odenwalds, sondern auch mit einem Kilometer der längste Bergrücken am westlichen Rand des Odenwalds, unweit der →*Bergstraße*. Der Kaiserturm auf dem Gipfel bildet zugleich den höchsten Punkt des 132 km langen →*Alemannenwegs*.

Es ist eines der wenigen Wintersportgebiete des Odenwalds, der mit einem Lift Ski- und Schlittenfahrer auf 470 bis 530 m Höhe transportiert. Bei klarem Him-

Der gastronomisch bewirtete Kaiserturm kann nur am Wochenende bestiegen werden.

Mehrere Wanderwege führen rund um die Neunkircher Höhe.

mel bietet der Blick vom Kaiserturm ein Panorama, das von der Pfalz bis zum Taunus und den Hochhäusern Frankfurts reicht. Der 1906 erbaute Steinturm löste eine Holzkonstruktion ab, der am 11. Februar 1904 ein Sturm zum Verhängnis wurde.

Ob der Name Neunkircher Höhe tatsächlich auf neun Kirchen zurückgeht, ist nicht verlässlich überliefert. Wahrscheinlicher ist, dass, Kriegswirren geschuldet, neun umliegende Dörfer nur noch über eine Gemeinde mit einer intakten Kirche verfügten.

Nibelungensage

Das wohl bekannteste deutsche Helden-Epos, die Nibelungensage, ist in Xanten ebenso beheimatet wie in Worms. Doch nicht nur am Rhein, sondern auch in der Eifel und im Odenwald sollen die Burgunden ihre Spuren hinterlassen haben. Gleich drei Brunnen wetteifern um die Gunst, Tatort des berühmten Meuchelmords des Hagen von Tronje an Siegfried sein zu dürfen. Doch auch das von einem unbekannten Dichter um 1200 verfasste Nibelungenlied liefert nicht den Nachweis, wo im Jagdgebiet der Nibelungen der scheinbar unbesiegbare Held seinen Durst stillen wollte und dabei dem Mörder den Rücken zuwendete. Auf der Route des mit insgesamt 4000 Höhenmetern anspruchsvollsten Wanderwegs, des 125 km langen →*Nibelungensteigs*, entdeckt der Wanderer mitten im Wald den Siegfriedbrunnen. Bereits der Name spreche für das Original, argumentieren die Einwohner des nahe gelegenen Gras-Ellenbach, das als einziges Kneippheilbad des Odenwalds eine besondere Anziehungskraft besitzt. Am anderen Ende des Orts beansprucht der Hildegeresbrunnen seinen Platz in der Sage. Ganz in der Nähe verläuft die Siegfriedstraße. Wer auf dieser einige Kilometer weiter westwärts fährt, stößt unweigerlich, kurz vor der Ortschaft Hiltersklingen,

Mit einer Vielzahl von bunten Drachenfiguren übt der Luftkurort Lindenfels Solidarität mit dem Fabeltier.

Hat an diesem Brunnen im Wald bei Gras-Ellenbach Hagen Siegfried ermordet?

auf den Dritten im Bunde, den Lindelbrunnen.

Der Nibelungensage auf andere Weise verbunden fühlen sich die Bürger von Lindenfels (→*Burgruine Lindenfels*). Der heilklimatische Luftkurort hat eine Schwäche für Drachen in allen Farben und Formen und sogar ein Drachenmuseum.

Am Eingang zur Burgruine Lindenfels hat ein Künstler den Kampf Siegfrieds mit dem Drachen nachgestellt.

Nibelungensteig

Mit markanten Anstiegen von 400 Höhenmetern auf den ersten Kilometern von der →*Bergstraße* auf den 514 m hohen Melibokus sowie erneut am Main bei Miltenberg (→*Mildenburg*) und Freudenberg zählt der Nibelungensteig zu den anspruchsvolleren mehrtägigen Wanderwegen. Insgesamt 4000 Höhenmeter sind auf der 124,6 km langen Strecke zu bewältigen, die der Deutsche Wanderverband mit dem Siegel „Qualitätswanderweg Wanderbares Deutschland" versehen hat. Der Weg von West nach Ost durch den Odenwald hat seinen besonderen Reiz. Der Wanderer durchquert oft über Stunden dicht bewaldete Gebiete abseits der Zivilisation und trifft zugleich auf Naturschauspiele wie das →*Felsenmeer Reichenbach*, den →*Marbachstausee* oder das Rote Wasser bei Olfen.

Zugleich reihen sich Zeugen mittelalterlicher Herrschaftsstrukturen wie die →*Burgruine Lindenfels* und die →*Wildenburg* ebenso in den Weg ein wie sakrale Orte (→*Walburgiskapelle Weschnitz*, →*Gotthardskapelle Amorbach* und →*Abteikirche Amorbach*, die →*Wall-*

Dem roten N nach durch den Odenwald zu wandern, verbindet Natur mit Historie, wie beim Blick vom Fuß des Gotthardsbergs auf die beiden Kirchen von Amorbach.

fahrtskirche Schöllenbach sowie das →Madonnenländchen). Als „jüngstes Bauwerk" darf das 1882 fertig gestellte →Himbächelviadukt gelten. Wie sollte es anders sein, führt der Nibelungensteig natürlich auch zu Orten der →Nibelungensage. Rund 30 Übernachtungs- und über 35 Einkehrmöglichkeiten laden zusätzlich zum Verweilen ein.

Der ebenfalls zertifizierte →Alemannenweg bietet sich an, eine mehrtägige Rundwanderung von Michelstadt zur →Bergstraße und zurück zu unternehmen. Als Qualitätswanderweg ausgezeichnet wurde auch der

Auch im Odenwald eine Seltenheit: die Tollkirsche.

→Neckarsteig, der im Neckartal den Odenwald durchquert.

Höhenprofil

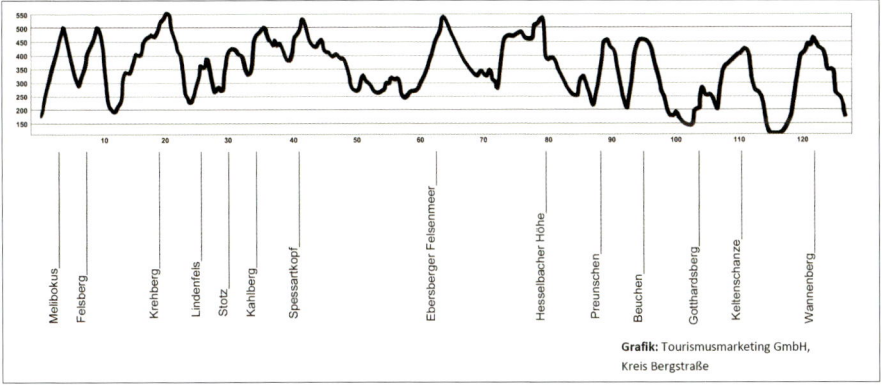

Grafik: Tourismusmarketing GmbH, Kreis Bergstraße

Odenwaldlimes

Mit dem Obergermanisch-Rätischen Limes haben die Römer einst auf 550 km Länge ihr Reich gegen die germanischen Stämme im Osten hin begrenzt. Bereits rund 50 Jahre zuvor errichteten sie weiter westlich einen Grenzwall zwischen den knapp 80 km entfernten Kohortenkastellen Obern-burg am Main (→Römermuseum Obernburg) und Bad Wimpfen am Neckar. Kaiser Trajan ließ den Odenwaldlimes zwischen 110 und 160 nach Christi Geburt errichten. Die Überreste der sieben Kleinkastelle, neun Numerus- sowie vier Kohortenkastelle und über 80 Wachtposten zählen zu den am besten erhaltenen Limesdenkmälern.

Die systematische Erforschung des Odenwaldlimes geht auf Graf Franz I. zu Erbach-Erbach (→Erbacher Schloss) zurück, der in den letzten Jahrzehnten des 18. Jahrhunderts Wachtturmhügel öffnen und untersuchen ließ. Aus Steinen des Kastells Würzberg ließ er einen Obelisken im →Eulbacher Park errichten. Funde sind bereits viel länger bekannt. So stieß 1543 ein Bauer am Fuße der →Burg Breuberg auf die unterirdischen Kammern eines römischen Bads. Abseits der Linie wurde erst in den Achtzigerjahren des vergangenen Jahrhunderts bei Höchst-Hassenroth mit der →Römischen Villa Haselburg eine der

Die Nachbildung eines römischen Wachtturms steht seit 2010 unweit des Segelfluggeländes von Vielbrunn.

74 x 81 m umfasst die Ausgrabungsstätte des Römerkastells und Römerbads Würzberg bei Michel-stadt.

größten Ausgrabungsstätten von Hessen entdeckt. Auf der obergerma-nisch-rätischen Linie zeichnen sich Wörth, Miltenberg, Walldürn, Buchen und Osterburken (→*Römermuseum Osterburken*) als bemerkenswerte Grenzorte aus.

Nachgebildete Palisaden wie bei den „Vogel-baumhecken" nahe Hesseneck vermitteln ein Bild von der einstigen Grenzziehung.

Odenwald Therme
Bad König

Bad König, die einzige Kurstadt im Odenwald mit ihrer anerkannten Thermalheilquelle, lädt zum Schwimmen, Entspannen und Saunieren ein. Wer sich individuell verwöhnen lassen will, hat die Wahl unter verschiedenen Wellnessangeboten wie Massagen, Thalasso, Physio-Therm-Infrarot- sowie Gesichts- und Körperbehandlungen. Seit dem massiven Rückgang des klassischen Badeaufenthalts hat die Kurstadt sich mit dem Neubau der Odenwald Therme im Jahr 2000 auf den Tages- und Kurzzeitbesucher spezialisiert. Im Mittelpunkt steht weiterhin das 32 Grad warme Thermalwasser, das in einem Innen- und Außenbecken sowie in Sprudelliegen, einem Strömungskanal und in einem Whirlpool genossen werden kann.

Mit einer Mischung aus Himalaya- und Schwarzmeersalz lädt die Meersalzgrotte im bequemen Liegestuhl zur Behandlung von Allergien und Befreiung der oberen Atemwege ein.

Das mediterrane Flair lädt zum Eintauchen in das konstant 32 Grad warme Wasser ein.

Am Abend taucht die Therme in ein buntes Lichtermeer ein.

Musik- und Tanzveranstaltungen sowie gastronomische Events sorgen in der angrenzenden neu errichteten Wandelhalle für ein abwechslungsreiches Programm. Zu Fuß gut zu erreichen ist der Kurpark mit seinen beiden Seen; zugleich Ausgangspunkt mehrerer Nordic-Walking-Strecken.

Aus einem Trinkbrunnen sprudeln die eisen- und manganhaltige Stahlquelle und Thermalquelle mit ihrem Natrium-Calcium-Magnesium-Hydrogencarbonat-Sulfat-Chlorid-Wasser. Auf den ungewöhnlichen Geschmack des Stahlwassers soll vor gut hundert Jahren ein Gastwirt beim Gläserspülen aufmerksam geworden sein. Seit 1948 darf sich König „staatlich anerkanntes Bad" nennen.

Der angenehme Aufenthalt in der Meersalzgrotte bietet 45 Minuten Entspannung in gesunder Luft.

Odenwälder Weininsel Groß-Umstadt

Klein, aber fein, so lässt sich das Weinanbaugebiet Groß-Umstadt beschreiben. Was auf der Rebfläche von 45 ha an den Hängen des Odenwalds geerntet wird, bietet Anlass genug, um alljährlich Mitte September ein Winzerfest zu feiern. Die Odenwälder Winzergenossenschaft wartet mit ihren regionaltypischen Sorten Riesling, Müller-Thurgau und Silvaner sowie in geringerem Umfang auch Kerner, Bacchus, Scheurebe und Weißer Burgunder auf. In der Lage „Herrnberg" informiert ein rund zwei Kilometer langer Weinlehrpfad über die Tradition und Technik des Weinanbaus. Diese geht weit zurück in die Vergangenheit: Bereits vor rund 1700 Jahren wussten die Römer den am nördlichen Rand des

Von dem beschilderten Weinlagenweg ist Groß-Umstadt in seiner ganzen Größe zu sehen.

Das Renaissance-Rathaus am Marktplatz von 1605 ist nur eines von rund einem Dutzend historischer Gebäude in der Innenstadt.

Odenwalds vorherrschenden Lössboden für den Weinbau nutzbringend einzusetzen. Auch in Roßdorf bei Darmstadt und neuerdings in Reinheim (→*Naturschutzgebiet Reinheimer Teich*) wird die Tradition des Weinbaus wieder belebt. Die Rebflächen Groß-Umstadts zählen zum Weinanbaugebiet Hessische →*Bergstraße*.

Enge Gassen, prächtige Gutshäuser und verwinkelte Fachwerkhäuser laden Neugierige auf einen Bummel durch die historische Altstadt und über den Marktplatz ein. Die über 1250 Jahre alte Geschichte der Kleinstadt kommt bei einem Besuch im Kultur- und Museumszentrum „Gruberhof" zum Tragen.

Palm'sches Haus Mosbach

Schon im 15. Jahrhundert machte die badische Kreisstadt Mosbach als Residenz der Pfalzgrafen Otto I. und Otto II. auf sich aufmerksam. Ihre Gründung hat sie dem Benediktinerkloster „Monasterium Mosabach" zu verdanken, was aus der ersten urkundlichen Erwähnung 826 hervorgeht. Der Bummel durch die Gassen der Altstadt (→Haus Kickelhain Mosbach) ist ein Genuss. Gute Wegbeschreibungen und Hinweistafeln laden dazu ein, die Kleinstadt mit ihren historischen Plätzen auf eigene Faust zu erkunden. Als Ausgangspunkt bietet sich der Stadtgarten ebenso an wie der Marktplatz. Hier fällt sogleich das prächtigste Fachwerkgebäude der Stadt ins Auge. Das in der ersten Hälfte des 15. Jahrhunderts erbaute Palm'sche Haus ist in Ständerbauweise auf vier Stockwerken entstanden. Gegenüber steht das 1558/59 im Renaissancestil errichtete Rathaus mit seinem weithin sichtbaren Rathausturm.

Als Zentrum der Handwerkskunst wie Leinweberei, Färberei, Kürschnerei und Zimmermannsarbeiten entwickelte Mosbach sich im 16. und 17. Jahrhundert zu einer blühenden Metropole. Das 1610 vom kurpfälzischen Verwalter Johann Schragmüller erbaute Palm'sche Haus wird wegen seiner früheren Nutzung als Lagerstätte für den Salzhandel auch „Salzhaus" genannt. Dahinter steht die im gotischen Stil erbaute Stifts- und Juliana-

Sechs Monate lang verwöhnt die Sonne Mosbach mit mindestens sechs Sonnenstunden am Tag.

Zwei Schmuckstücke auf dem Marktplatz: das Palm'sche Haus (rechts), ein Meisterwerk der deutschen Fachwerkskunst, und das Renaissance-Rathaus von 1558/59.

Kirche, die bis heute beiden Konfessionen als Gotteshaus dient. Mit der freien Religionsausübung durch Kurfürst Wilhelm ließ dieser 1685 den Katholiken den Chor (St. Juliana) zuweisen; das Langhaus (Stiftskirche) erhielten die reformierten Christen. Mosbach ist Etappenziel des →*Neckarsteigs*.

Raketenmodell Ariane V

Seit März 2012 erinnert ein neues Raketenmodell an der Hohmann-Höhe von Hardheim an Walter Hohmann (1880–1945), den bedeutendsten Sohn der Stadt. Neun Jahre mussten die Einwohner am östlichen Rand des Odenwalds darauf warten, bis das 2003 aus Sicherheitsgründen entfernte Modell der Europa 1-Rakete durch das der Ariane V ersetzt wurde. Das 12,4 m hohe und bis zu 2,9 m breite Modell wiegt rund 7 Tonnen. Bereits das Vorgängermodell, das 2003 zu Bruch ging, diente 30 Jahre lang als Wahrzeichen der Stadt. Hohmanns 1925 veröffentlichte Studien zur „Erreichbarkeit der Himmelskörper" rückten ihn in den

Das Modell der Ariane V entspricht dem Maßstab 1:4,29.

Zusammen mit dem 2 m hohen Sockel ragt das Modell 14,4 m gen Himmel.

Stand als Wegbereiter der Raumfahrt. Als gefragter Baustatiker war er nach Stationen in Berlin, Hannover und Breslau ab 1912 als Stadtbaurat von Essen tätig. Bereits in seiner 1916 verfassten Dissertation befasste er sich mit Fragen der Himmelsmechanik. Seine Forschungen flossen auch in das 1960 initiierte Apollo-Programm zur Mondlandung ein. 1970 wurde ein Krater nahe dem Rand auf der Mondrückseite in Würdigung an die wissenschaftlichen Leistungen von Walter Hohmann nach ihm benannt.

Römermuseum Obernburg

Das aus Erde und Holz errichtete Kastell konnten die Germanen noch zerstören, doch das danach mit massiven Sandsteinen errichtete Kohortenkastell sollte sich als massiver Stützpunkt im Grenzraum des Römischen Reichs erweisen. Vorläufer der Stadt Obernburg ist das Kastell Nemaninga der 4. aquitanischen Reiterkohorte, das von den Römern um 110 nach Christus am Mainufer errichtet wurde. Der auch „nasser Limes" genannte Fluss bildete den Anfang des südlich davon verlaufenden →Odenwaldlimes (siehe auch →Römermuseum Osterburken). Die einstige Hauptstraße des Lagers, die Via Principalis, verläuft heute noch durch das Stadtzentrum unter der Bezeichnung Römerstraße. Wer die Badgasse (Via Praetoria) herunterläuft, stößt am Mainufer auf das Römermuseum, vor dem

die Rekonstruktion einer Jupiter-Gigantensäule steht. Ein Modell im Eingangsbereich bestätigt, dass die ab 1313 erbaute Stadtbefestigung den Grundrissen des Kastells entspricht.

Zu den Besonderheiten zählen die Weihesteine der Benefiziarier der 22. und 8. Legion.

Einige Fundstücke gehen auf Ausgrabungen der jüngsten Vergangenheit zurück. So kann im Keller ein nach römischem Vorbild im 17. Jahrhundert gesetzter Hausbrunnen besichtigt werden, der 1967 unter dem ehemaligen Hauptaltar der St. Annakapelle entdeckt wurde. Während im Obergeschoss Alltagsgegenstände und medizinische Instrumente ausgestellt sind, vermittelt das Zwischengeschoss einen Einblick in den Götter- und Totenkult. Darunter sind zahlreiche Grabsteine sowie das Relief eines Apollos, der auf der Leier spielt.

Zugang zur Altstadt bietet das Obere Tor aus der ersten Hälfte des 14. Jahrhunderts.

Römermuseum Osterburken

Einmal eine Inschrift entziffern, die vor 2000 Jahren in Stein gemeißelt wurde? Wie Archäologen und Historiker den Geheimnissen der Vergangenheit auf die Spur kommen, wird im Untergeschoss des Römermuseums Osterburken erklärt. Das kubische Gebäude im Stadtzentrum fällt schon von Weitem auf. Auf drei Etagen werden Funde aus der Region ausgestellt; ein besonderes Augenmerk liegt auf den Zeugnissen römischer Religion. Das Mithras-Relief gilt als eines der wichtigsten Objekte des Kults, dessen Ursprung im Orient vermutet wird. Im Erdgeschoss geht die Ausstellung auf das Leben im Lagerdorf ein, das sich rund um das befestigte Kastell, den Sitz der Garnison, bildete. Im Grenzbereich des Römischen Reichs am Limes spielte sich ein reger Handel mit den benachbarten Germanen ab. Eindrucksvoll präsentieren sich die ausgegrabenen und konservierten Reste eines Badegebäudes. Die Origi-

Etliche Altarsteine wurden erst vor wenigen Jahrzehnten entdeckt.

Im Altbau des Museums lassen sich von allen Seiten die konservierten Reste eines Badegebäudes bestaunen.

nalmauern sind Teil des UNESCO-Welterbes. Anhand eines Modells wird das ausgeklügelte System von Warm- und Kaltbädern sowie einem eigenen Schwitzraum transparent. Gezeigt werden auch Nachbauten des Tempelbezirks der Beneficiarier mit seinen Holzbefunden und Altarsteinen. Als Zweigmuseum des Archäologischen Landesmuseums Baden-Württemberg finden in Osterburken regelmäßig Sonderausstellungen statt.

In einem etwa 300 m entfernten Park befindet sich das ehemalige Kastellgelände. Die Wehrmauern wurden 1893 bis 1910 konserviert und können besichtigt werden. Eindrucksvolle Spuren eines Kohortenkastells am Fluss sind im →*Römermuseum Obernburg* ausgestellt.

Römische Villa Haselburg

Auch die größtenteils nachgestellten Umrisse der Mauern und Gebäude mit unbehauenen Steinquadern haben es in sich. Mit einer fast quadratischen Fläche von 183,50 x 185,50 m ist die römische Ausgrabungsstätte Villa Haselburg die größte ihrer Art in Hessen.

Das Freilichtmuseum gewährt einen Einblick in das Leben und die Architektur aus der Zeit der römischen Besiedlung, die eng mit dem Namen →*Odenwaldlimes* verbunden ist. Das 3,4 ha große frei zugängige Anwesen befindet sich nahe der Landstraße zwischen Höchst und Brensbach sowie auf der Strecke des →*Alemannenwegs*.

Der Verein zur Förderung des Freilichtmuseums „Römische Villa Haselburg" bietet Führungen an und lässt mit Römerfesten die Vergangenheit lebendig werden.

Ein Modell der Anlage ist auch im Odenwald- und Spielzeugmuseum in Michelstadt ausgestellt.

Aufmerksamen Bauarbeitern ist es zu verdanken, dass die verschütteten Spuren ans Tageslicht gelangen konnten. Bei der Verlegung von Erdgasfernleitungen in den Achtzigerjahren waren sie auf Mauerreste aus der Zeit um 130 nach Christi Geburt gestoßen. Die aus mehreren Wohn- und Wirtschaftsräumen bestehende Ausgrabungsstätte verfügte über ein eigenes Bewässerungs- und Abwassersystem; im Baderaum befinden sich Reste einer Hypokaustheizung.

Keiner weiß, ob Obelix hier zuvor zugeschlagen hat.

Sage vom Rodensteiner

Sagen haben bekanntlich ihre eigenen Wahrheiten. Und wenn denen zu wenig Glaube geschenkt wird, wird die Geschichte beim Weitergeben gerne um spannende Details verlängert und verfeinert, damit die Kunde sich noch schneller verbreitet. So soll der Schnellertsherr bei seinem nächtlichen Ritt durch die Lüfte sein Pferd einmal sogar von einem Schmied in Fränkisch-Crumbach beschlagen haben lassen. Seit Anfang des 18. Jahrhunderts wollen Bewohner des Gersprenztals wiederholt vor Ausbruch eines Kriegs den berittenen Adligen als Anführer eines Geisterheers am Himmel wahrgenommen haben. Lautstark sei der unheimliche Trupp von der Ruine Schnellerts durch das Tal hinüber zur Ruine Rodenstein unterwegs gewesen. Ging der Krieg zu Ende, wiederholte sich das Schauspiel vom „wilden Heer" in die andere Richtung.

Die Burg Rodenstein wurde zerstört; geblieben ist die Sage.

In Stein verewigt: Ein Relief an der Hauswand der ehemaligen Kellerei (heute Heimatmuseum) von Fränkisch-Crumbach stellt die „wilden Reiter" dar.

Von der Wehranlage der Herren von Crumbach und Rodenstein (→*Schloss Reichenberg*) aus dem zwölften Jahrhundert sind nur noch Mauerreste übrig. Sie fiel keiner Belagerung zum Opfer, sondern diente nach dem Aussterben ihrer Besitzer den Einwohnern von Fränkisch-Crumbach als Steinbruch. Heute ist die Ruine ein beliebtes Ausflugs- und Wanderziel (→*Alemannenweg*), wovon der angrenzende gastronomische Betrieb profitiert. Die Ruine Schnellerts bei Stierbach (Gemeinde Brensbach) geht auf eine Burg aus der ersten Hälfte des 15. Jahrhunderts zurück, deren Geschichte das „Schnellertsmuseum" im alten Rathaus von Brensbach festgehalten hat.

Versteckt im Wald finden sich die Reste der Burg Schnellerts.

Schloss Lichtenberg

Unbeeindruckt von den Wirren der Zeit strahlt das zwischen 1570 und 1581 erbaute Schloss Lichtenberg eine stoische Ruhe aus. Wie ein riesiger Würfel, dessen Kanten aus rotem Sandstein der weißen Fassade eine Form verleihen, thront das von Weitem sichtbare Renaissancegebäude auf einem 278 m hohen Hügel über der Gemeinde Fischbachtal. Sein Ursprung geht auf eine um 1200 vom Grafen von Katzenelnbogen erbaute Burg zurück, auf deren Grundmauern später das Schloss errichtet wurde. Auf drei Etagen sind im Museum Schausammlungen zur Geschichte des Odenwalds mit bäuerlichen Gerätschaften und Einrichtungen, Handwerk und Textilherstellung zu sehen. Bekannt sind die Zinnfiguren-Schaubilder (Dioramen) mit Szenen aus der Vergangenheit vieler Völker der Antike sowie die geschichtliche Entwicklung Lichtenbergs (→*Museum Ober-Ramstadt*) und seiner Umgebung, einschließlich Darmstadts. Ausgestellt sind auch Werke von Johannes Lippmann (1858–1935), „dem Maler des Odenwaldes und seiner Menschen". Dem Schloss vorgelagert ist ein Geschützturm von 1503, der seines Aussehens wegen spöttisch auch „Krautbütt" genannt wird.

Ganz in der Nähe befindet sich im Wald ein einstiger Ringwall aus der jüngeren Eisenzeit (500 bis 50 v. Chr.). Am kleinen Schlosspark kreuzen sich etliche Wanderwege; das Schloss ist zugleich Etappenziel auf dem 132 km langen →*Alemannenweg*.

Recht:
Besonders der guten Luft wegen soll das beschauliche Fleckchen Erde ein beliebter Aufenthaltsort der landgräflichen Familie von Hessen-Darmstadt gewesen sein.

Links:
Das Renaissanceschloss diente als Vorbild für etliche spätere Bauwerke.

Schloss Löwenstein

Beiderseits des Parkeingangs wachen zwei steinerne Löwen über das Wohl der Schlossanlage, die Fürst Dominik Marquard zu Löwenstein-Wertheim-Rochefort von 1721 bis 1732 in der Herrschaft Kleinheubach erbauen ließ. Das dem Spätbarock zuzuordnende Ensemble wurde um mehrere klassizistische Bauten ergänzt und zählt dank des dreiflügligen Ehrenhofs zu den schönsten seiner Art in Deutschland. Auf der einen Seite schaut ein eher ängstlich wirkender Löwe auf den Besucher herab; die Wildkatze gegenüber macht mit ihrem angriffslustigen Gesichtsausdruck ihrem Namen mehr Ehre.

Zu bewachen gibt es nicht nur ein domänes Hotel und Weingut. Auf Schloss Löwenstein lädt auch eine Vinothek dazu ein, das Leben von der schönen Seite her zu genießen. Der Eigentümer des einheitlich in Ockerfarben gehaltenen Areals, Alois Konstantin zu Löwenstein-Wertheim-Rosenberg, bietet Weine aus eigenem Anbau in Franken, aber auch aus Tauberfranken in Baden sowie dem Rheingau an. Rad- und Wanderwege durchqueren das großzügige Parkgelände.

Schloss Löwenstein liegt am Ortsende von Kleinheubach unweit der Mainbrücke nach Großheubach.

Wie sollte es anders sein:
Das Schloss bewacht ein Löwe aus Stein.

Schloss Reichenberg

Ob die Anfänge von Schloss Reichenberg auf die Herren von Crumbach (→*Sage vom Rodensteiner*) Mitte des 12. Jahrhunderts zurückgehen oder es erst hundert Jahre später von den Schenken zu Erbach (→*Erbacher Schloss*) erbaut wurde, ist nicht ab-schließend geklärt. Erste urkundliche Erwähnungen als „Rychenburg" gehen auf das Jahr 1307 zurück. Das hoch über Reichelsheim thronende Anwesen ist seit 1994 im Besitz einer christlichen Gemeinschaft, die hier eine Tagungs- und Begegnungsstätte mit einem öffentlichen Schlosscafé unterhält.

Sehenswert ist auch die gotische Mi-

Die gotische Michaelskapelle direkt neben dem Schlosstor ist Teil der Wehrmauer.

Seit 1994 dient Schloss Reichenberg als Tagungshaus mit einem Schlosscafé.

chaelskapelle als Teil der äußeren Wehrmauer, die – wie der Rittersaal im Krummen Bau des Schlosses – von den neuen Eigentümern restauriert wurde. Schenk Eberhard X. ließ im ausgehenden 14. Jahrhundert das Schloss um eine Vorburg erweitern; der alte Bergfried musste Anfang des 16. Jahrhunderts Platz machen für den Krummen Bau. Weniger Schaden richtete ein erfolgreich abgewehrter Angriff während des Dreißigjährigen Kriegs am 23. Juni 1622 an. 1731 gab Graf Georg Wilhelm den Residenzsitz auf und siedelte nach Erbach über. Einen Besuch wert ist auch das Regionalmuseum, das die →*Bergbaulandschaft Reichelsheim* dokumentiert.

Skulpturenpark Seckach

Gewiss, an Schönheit braucht sich die „Venus vom Odenwald" nicht hinter ihrer berühmten Schwester zu verstecken. Zu finden ist die Steinskulptur allerdings nicht so einfach, denn Seckach – der Ort, in dem eine Sandsteintafel verkündet, dass dort die Kunst zu Hause ist – liegt am östlichen Rand des Odenwalds im Übergang zum Bauland, unweit der Stadt Adelsheim. Die Kunst, das sind über 80 Skulpturen, die das Künstlerehepaar Marianne und Paul August Wagner im Laufe von 20 Jahren mit Freunden als „Versuch einer Freundschaft von Kunst und Wald" errichtet hat. Der Skulpturenpark Seckach ist auf mehreren Künstlersymposien entstanden.

Als die Kanzlerin noch keine war, entstand die Büste von Angela Merkel.

Der Betrachter stellt schon bald fest, dass die Arbeiten aus Bronze, Sandstein, Beton, Holz sowie aus Wohlstandsmüll jeglicher Art sowohl eine philosophisch-historische Botschaft haben wie mit satirisch-ironischem Zungenschlag den Ernst der Dinge infrage stellen. Denn lange schon bevor die Bundeskanzlerin ein auffälliges Dekolleté gezeigt hat, ziert ein solches die Büste von Angela Merkel am Wegesrand – in einer Reihe mit Spartakus, Odysseus und Hänschen klein.

Kopfschmerzen der etwas anderen Art: Wer macht sich hier über wen lustig?

Sommerrodelbahn Wald-Michelbach

An schönen Tagen sind die gelben Flitzer aus Hartplastik alle pausenlos im Einsatz. Die hohe Rückenlehne erlaubt es, bequem darin Platz zu nehmen. Kinder unter acht Jahren sitzen davor und können sich am Lenkrad festhalten. Das Lenken selbst übernimmt die Bahnführung, denn das Fahrzeug ist fest verbunden mit den Schienen wie bei einer Straßenbahn. Die Sommerrodelbahn „Odenwaldbob" auf der Kreidacher Höhe bei Wald-Michelbach hat sich zu einem der beliebtesten Freizeitziele im Odenwald entwickelt.

Mit einer Geschwindigkeit von bis zu

Tausend Meter lang ist der stählerne Lindwurm auf der Sommerrodelbahn „Odenwaldbob".

Ungebremst erreicht der Bob eine Geschwindigkeit von 40 km/h.

40 km/h geht es zuerst über die angrenzende Landstraße hinweg, dann zwei Mal im Kreis herum, um nach einigen Kurven am Ziel anzukommen. Anschließend schleppt ein automatischer Lift das Fahrzeug samt Fahrer wieder zurück zum Start und der Spaß kann von Neuem beginnen.

Kleine Besucher können sich in der Spielscheune austoben. Eine große geschlossene Rutsche führt nach draußen auf die Terrasse, wo weitere Spielmöglichkeiten und sonnengeschützte Sitzgelegenheiten warten. Bei schönem Wetter ist der Odenwaldbob auch im Winter fahrbereit.

Tempelhaus Neckarelz

Das im Mosbacher (→*Palm'sches Haus Mosbach*) Stadtteil Neckarelz gelegene Tempelhaus geht auf einen mittelalterlichen Wohnturm zurück, der um 1300 vom Johanniterorden bewohnt wurde. Es ist das zweitälteste Gebäude der Stadt und soll einst als Burg Elz ausgebaut und von einem Wassergraben umgeben gewesen sein. Den Namen Tempelhaus erhielt das gotische Gotteshaus mit seinen Maßwerkfenstern seiner Nutzung nach im 16. Jahr-

Unbestätigt sind Vermutungen, dass das Tempelhaus eine römische Vergangenheit als Kultstätte besitzt.

hundert. Sein heutiges Aussehen hat das Gebäude einem Umbau von 1731 bis 1734 zu verdanken. Bei der letzten großen Renovierung 2001 erhielt der Chor seine originale Farbfassung aus dem 14. Jahrhundert zurück.

Das benachbarte Kellereigebäude diente dem Kurfürsten von der Pfalz als Lagerstätte für die Abgaben seiner Untertanen. Als der Platz nicht mehr reichte, wurde 1602 das Langhaus angebaut. 1981 ging es in den Besitz der Erzdiözese Freiburg, die es zu einer Heimvolkshochschule umbaute. Im Bildungshaus „Bruder Klaus" gehen jährlich rund 8000 Teilnehmer ein und aus.

Die Bergrücken am Neckar zählen zum badischen Weinbaugebiet.

Hinten den Dächern von Otzberg-Hering kommt Groß-Umstadt in Sicht.

Veste Otzberg

Die Burg auf dem gleichnamigen 368 m hohen Berg am nördlichen Rand des Odenwalds fällt schon von Weitem besonders durch ihren 17 m hohen weißen Turm auf (→*Alemannenweg*). Im Volksmund wird der Bergfried der Veste Otzberg deshalb auch „weiße Rübe" genannt. Für eine Festung mit einer Geschichte, die in das Ende des 12. Jahrhunderts reicht, ist dies natürlich nur Nebensache. Kriegerische Auseinandersetzungen bescherten der Festung, die ursprünglich dem Kloster Fulda unter Verwaltung von Konrad dem Staufer gehörte, stürmische Zeiten mit stets wechselnden Burgherren, mal Pfalzgrafen, dann wieder Hessen.

Der Bergfried wird vom Volksmund „weiße Rübe" genannt.

Wo zu Beginn des 19. Jahrhunderts Gefangene ein-
gesperrt wurden, zog gut hundert Jahre später eine
Jugendherberge und schließlich ein Forsthaus ein.
Seit 1985 erinnert das Museum „Sammlung zur
Volkskunde in Hessen" an eher friedlichere Zeiten
vergangener Tage.

Mit der 14 km entfernten →*Burg Breuberg* verbindet die Veste Otzberg nicht nur der Burgenbus der
Nahverkehrsorganisationen, sondern auch eine
Sage, dass demjenigen die Burg gehört, der einen
mehreren Zentimeter dicken Eisenring durchbeißt,
welcher bei beiden Burgen am Portal befestigt ist.

*Die Wirtin des Burgrestaurants serviert gerne die Odenwälder Spe-
zialität: hausgemachten Kochkäse, Handkäs mit Musik (Zwiebeln),
dazu Äppelwoi (Apfelwein) aus dem Bembel.*

Walburgiskapelle Weschnitz

Ein breiter Treppenaufgang führt den steilen Berg hinauf, der dicht bewaldet über dem Dorf Weschnitz bei Fürth die gleichnamige Quelle des Bachs in sich trägt. Das Flüsschen schlängelt sich durch den vorderen Odenwald und mündet nach knapp 59 km in den Rhein. Die Anstrengungen haben sich gelohnt. Bei klarem Wetter bietet der 475 m hohe Kapellenberg einen herrlichen Blick bis in die Rheinebene. Bereits in der vorchristlichen Zeit soll es

Die kleine Kapelle ist ein Etappenziel des 124,6 km langen Fernwanderwegs Nibelungensteig.

hier eine keltische Kultstätte gegeben haben. Das erste Bergkirchlein, das um 1671 zu Ehren der Missionarin Walburga erbaut wurde, ist später einem Brand zum Opfer gefallen. Erhalten geblieben ist das Standbild, das St. Walburga als Äbtissin darstellt. Sie gilt als Schutzpatronin des Weschnitztals.

Ein neues Gotteshaus wurde 1815 errichtet und 1937 mit der Erweiterung um einen Saalbau erneut geweiht. Ein steinerner Altar hinter der Walburgiskapelle dient noch heute für Wallfahrtsgottesdienste im Freien.

Der Ausblick entlohnt jede Anstrengung.

Wallfahrtsbasilika zum „Heiligen Blut" Walldürn

Weithin sichtbar ragen die beiden mit Laternen bekrönten Türme der Wallfahrtsbasilika St. Georg von Walldürn in den Himmel. Das aus rotem Backstein errichtete Gotteshaus im spätgotischen Stil prägt seit der ersten Hälfte des 18. Jahrhunderts das Stadtbild. Rückt alljährlich das Fest der Heiligsten Dreifaltigkeit (Mai bis Mitte Juni) näher, machen sich die meisten der rund 100 000 Pilger auf den Weg, die jedes Jahr Walldürn aufsuchen. Ihr Ziel ist die Basilika zum „Heiligen Blut", unter deren Namen sie besser bekannt ist. Gläubige kommen zu Fuß, per Rad, Motorrad oder als Jugendgruppe zu der Kirche, die 1623 um eine Kapelle erweitert wurde. Hier befindet sich der Blutaltar. Verehrt wird ein Korporale (Altardecke aus Leinen), ein Bild des Gekreuzigten aus dem Jahr 1330.

Seit mindestens 1456 soll es große Wallfahrten geben. Überliefert ist, dass ein Bericht des Walldürner Pfarrers Hoffius aus dem Jahr 1589 die Kunde in alle Welt verbreitet hatte: 1330 soll der Priester Heinrich Otto bei einer Eucharistiefeier versehentlich den bereits konsekrierten Kelch umgeworfen haben. Der vergossene Wein habe auf dem Korporale das Bild des Ge-

Alljährlich finden an Fronleichnam und eine Woche später, am lokalen „Großen Blutfeiertag", Blutsprozessionen durch die festlich geschmückten Straßen der Stadt statt.

Zahlreiche Geschäfte haben sich auf die Bedürfnisse von Pilgern und Gläubigen eingestellt.

Walldürn bildet neben Buchen das Zentrum des Madonnenländchens.

kreuzigten und elf weitere Häupter Christi mit Dornenkrone dargestellt. Erschrocken soll der Priester das Leinentuch hinter einem Stein des Altars versteckt und erst 50 Jahre später auf dem Totenbett das Geheimnis gelüftet haben.

Am Westtor erinnert das Wappen von Papst Johannes XXIII. daran, dass dieser 1962 die Kirche zur Basilica minor erhob. Die Kleinstadt im →*Madonnenländchen* lädt auch zu einem gemütlichen Bummel durch die mittelalterliche Altstadt ein.

Wallfahrtskirche Schöllenbach

Unmittelbar mit der politischen Grenze zwischen Baden-Württemberg und Hessen mitten in dem Dorf Schöllen-

bach (Gemeinde Hesseneck beziehungsweise Badisch-Schöllenbach, Stadtteil von Eberbach) stoßen auch die Glaubensrichtungen aufeinander. Der Reformation geschuldet geriet die einstige Wallfahrtskirche aus dem Jahr 1465 in Vergessenheit. 1601 ließ Graf Georg den jüngst restaurierten Schöllenbacher Altar in die Hubertuskapelle im →*Erbacher Schloss* bringen, wo er noch heute besichtigt werden kann. Hinter der südlichen Kirchgartenmauer plätschert die Heilquelle, die heute noch der Grafenfamilie zu Erbach-Erbach als Taufwasser dient. Wer dem →*Nibelungensteig* auf der badischen Seite folgt, stößt schon bald auf erste Bildstöcke, die das →*Madonnenländchen* ankündigen. Nur wenige Kilometer entfernt steht in einem dicht bewaldeten Areal der Dreiländerstein aus dem Jahr 1837, an dem sich die auch heute noch gültigen Landesgrenzen der einstigen Länder Großherzogtum Baden, Großherzogtum Hessen und Königreich Bayern berühren.

Seit 1837 markiert der Dreiländerstein den Grenzpunkt von Baden-Württemberg, Bayern und Hessen.

Mit der Reformation verlor die Wallfahrtskirche ihre Bedeutung.

Dem Quellwasser wird eine heilende Wirkung bei Augenleiden nachgesagt. Seiner Ausstrahlungskraft wegen wurde das Marienbild verehrt, das bereits in der kleinen Kapelle hing, bevor diese durch eine dreischiffige gotische Wallfahrtskirche ersetzt wurde. Die Reformation läutete das Ende der Wallfahrten ein und das Kirchlein verfiel. Ende des 18. Jahrhunderts folgten der Abriss des Langhauses und des Kirchturms; der stehen gebliebene Chor erhielt ein neues Dach.

Wildenburg

Längst hat die Natur Besitz von der einstigen Festungsanlage im Wald bei Amorbach (→*Abteikirche Amorbach*) ergriffen. So dicht von Bäumen, Hecken und Moos in grünen und gelben Farbtönen bedeckt sind die Überreste der zwischen 1175 und 1200 von den Herren von Dürn im romanischen Stil errichteten Burg Wildenberg. Bis zu ihrer Zerstörung während der Bauern-kriege 1525 durch die Schergen des Götz von Berlichingen war hier die Hochkultur des Mittelalters vertreten. Wolfram von Eschenbach soll sich um 1210 hier aufgehalten und Teile seines bekanntesten Werks „Parzival" verfasst haben. Als Nachweis, dass es sich um diese und nicht um eine der fast 50 namensgleichen Burgen handelte, wird gerne die Inschrift „Owe mvter" zitiert, die im Palas, links des ehemaligen Doppelfensters, zu lesen ist. Es ist

Wie viele andere wurde die Wildenburg während der Bauernaufstände 1525 zerstört.

Hat Wolfram von Eschenbach zwischen diesen Mauern um 1210 seinen „Parzival" verfasst?

der Beginn der Frage, die der junge Parzival seiner Mutter Herzeloide gestellt hat: „Owe mouter, was ist Gott?". Sie wird daher auch gerne als „Gralsburg des Odenwalds" bezeichnet. Die im Rechteck von 90 auf 39 m errichtete Festung unter dem Namen „Conrad de Wildenburc" hat bis zu ihrer Zerstörung als Sitz mainzischer Verwaltungsbeamter gedient.

Geblieben sind die Reste von meterdicken Wehrmauern, Stümpfe von rund- und eckigen Türmen und imposante Ein- und Durchgänge sowie von Säulen getragene Fenster mit Ornamenten und Rundbögen. Etliche der mit Tierfiguren verzierten Säulenstücke sind im Heimatmuseum von Amorbach ausgestellt. Einen Abstecher wert ist auch das Waldmuseum, das der →Nibelungensteig im benachbarten Dorf Preunschen ansteuert.

Wildpark Schwarzach

Nicht alle Tiere sind so neugierig wie die jungen Ziegen und Lämmer, die zuhauf zum Zaun ihres Geheges eilen, wenn Besucher in die Nähe kommen. Sie wissen, dass sie auch Futter kaufen, um bei ihrem Rundgang möglichst vielen der über 400 einheimischen wie exotischen Parkbewohner nahekommen zu können. Der Wildpark Schwarzach erstreckt sich nämlich auf über 100 000 m² und bindet kleine Waldstücke ebenso ein wie Abhänge, Schluchten und Seen.

Fremden gegenüber weniger zugetan sind die beiden Kamele; auch die drei Zebras ziehen ihre Weiden den Rufen der Gäste vor. Sie haben sich an die Geräusche längst gewöhnt; das Treiben auf dem Spielplatz neben ihrem Gehege kann sie nicht aus der

Nur der Musterung nach sind die beiden Zebras siamesische Zwillinge.

Die ersten Sonnenstrahlen des Frühlings weiß auch dieses Schaf zu genießen.

Ruhe bringen. Aus unmittelbarer Nähe lassen sich die mächtigen Keiler hinter dem Drahtgitter beim Fressen beobachten. Kommt jemand den Frischlingen doch etwas zu nahe, sorgt ihr durchdringendes Quieken rasch für den nötigen Abstand. Am Eingang lenken zunächst eine der größten Mörserglocken und ein dahinter stehender riesiger Sandstein-Mörser die Aufmerksamkeit auf sich. Publikumsmagneten sind auch die jahreszeitlich bezogenen Veranstaltungen. Wer Lust auf mehr hat, besucht auch den →*Bergtierpark Erlenbach* bei Fürth oder den →*Eulbacher Park*, der weit draußen vor Michelstadt liegt.

Zehn Tonnen wiegt die Mörserglocke, die am Eingang steht.

Abbildungsnachweis

Alle Aufnahmen von Manfred Giebenhain, außer:

Alemannenweg-Höhenprofil: Odenwald Tourismus GmbH, Michelstadt S.12
Bergbaulandschaft Reichelsheim: Gemeinde Reichelsheim S. 16+17
Deutsches Elfenbeinmuseum Erbach: Stadt Erbach S. 31+32
Eberstadter Tropfsteinhöhle: Stadt Buchen S. 33+34
Eulbacher Park: Stadt Erbach S. 40–41/42 unten
Geo-Naturpark: Geo-Naturpark Bergstraße-Odenwald S. 48 unten
Indoorspielplätze: Indoor-Spielplatz Groß-Bieberau S. 61
Narrenhochburg Buchen: Stadt Buchen S. 81
Neckarsteig-Höhenprofil: Touristikgemeinschaft Odenwald e.V., Mosbach S. 85
Nibelungensteig-Höhenprofil: Tourist-Info Nibelungenland, Lorsch S. 93
Odenwald Therme Bad König: Kurgesellschaft Bad König S. 96–98
Odenwälder Weininsel Groß-Umstadt: Stadt Groß-Umstadt S. 99
Römermuseum Obernburg: Redaktion Main Echo Obernburg S. 105

Auf die Veröffentlichung einzelner Anschriften, Telefonverbindungen, Öffnungs-zeiten und Eintrittspreise wurde aus Aktualitätsgründen bewusst verzichtet. Be-sonders wegen eingeschränkter Besichtigungs- und Öffnungszeiten mancher Mu-seen und Sehenswürdigkeiten wird empfohlen, zuvor Kontakt aufzunehmen oder entsprechende Informationen einzuholen.

Zur allgemeinen Information dienen die Anschriften der vier großen touristi-schen Anlaufstellen:

Bergstraße-Odenwald
Globaler, Europäischer und
Nationaler Geopark
Nibelungenstraße 4, 64653 Lorsch
Tel.: 06251 70799-0
Fax: 06251 7079925
E-Mail: info@geo-naturpark.de
Internet: www.geo-naturpark.de

Odenwald Tourismus GmbH
Marktplatz 1, 64720 Michelstadt
Tel.: 06061 965 97-0
Fax: 06061 965 97-20
E-Mail: tourismus@odenwald.de
Internet: www.odenwald.de

Touristikgemeinschaft Odenwald e.V.
Scheffelstraße 1, 74821 Mosbach
Tel.: 06261 84-1390
Fax: 06261 84-4750

Tourist-Info
Nibelungenland
Marktplatz 1, 64653 Lorsch
Tel.: 06251 175260
Fax: 06251 17526-26
E-Mail: info@nibelungenland.net
Internet: www.nibelungenland.net

Inhalt

Umschlaggestaltung unter Verwendung von Motiven aus dem Buch

Bibliografische Information der Deutschen Nationalbibliothek

Die Deutsche Nationalbibliothek verzeichnet diese Publikation in der
Deutschen Nationalbibliografie; detaillierte bibliografische Daten sind im Internet
über http://dnb.d-nb.de abrufbar.

© 2012 by Husum Druck- und Verlagsgesellschaft mbH u. Co. KG, Husum

Gesamtherstellung: Husum Druck- und Verlagsgesellschaft
Postfach 1480, D-25804 Husum – www. verlagsgruppe.de

ISBN 978-3-89876-602-9